Ich. Ampel. Rot

Wir widmen dieses Buch allen Deutschen und Ausländern,
die bereit sind, tolerant aufeinander zuzugehen.

Kevin Bala / Elke Morick

Ich. Ampel. Rot

Satiren

Bibliografische Information der Deutschen Nationalbibliothek
Die Deutsche Nationalbibliothek verzeichnet diese Publikation in der
Deutschen Nationalbibliografie; detaillierte bibliografische Daten sind
im Internet über http://dnb.d-nb.de abrufbar.

© 2008 Kevin Bala / Elke Morick
Satz, Umschlaggestaltung, Herstellung und Verlag:
Books on Demand GmbH, Norderstedt
ISBN 978-3-8370-4823-0

Inhalt

Abendbrot

Das Bild von ihrem Auto hatte sie mir schon drei Mal gezeigt. Sie stand neben ihrem schönen grünen Auto in Jeans und hellem T-Shirt, lächelte für das Foto. Es waren noch andere schöne Autos auf dem Bild. Dahinter konnte man ein dreistöckiges Gebäude sehen; ihre Wohnung musste in der zweien Etage sein. Hinter den Autos und dicht am Balkon der ersten Etage waren zwei kleine grüne Bäume zu sehen. Der Himmel war blau, was für mich selbstverständlich war. Mein erster Blick auf das Foto fand erst das Auto und dann meine Freundin mit kurzen blonden Haaren. Ich durfte das Bild behalten und habe es später allen meinen Freunden und Kollegen gezeigt.

Das Auto, dem ich seit dem ersten Blick auf das besagte Foto Sympathie entgegenbrachte, stand schön brav auf einem Parkplatz des Flughafens und wartete auf uns. Leider durfte ich nicht fahren, ich hatte keinen Führerschein. Es hatte bis jetzt keinen Sinn gehabt einen zu machen, ein Auto hätte ich mir sowieso nicht leisten können. Schließlich verdiente ich als Kellner in einem Hotel nicht genug Geld für so einen Luxus. Ich dachte, wer ein Auto hat, hat bestimmt viele Freunde, denn Taxis sind teuer und einen Freund mit einem Auto kann man immer gut gebrauchen. Ich wollte meinen kleinen Koffer und die schwarze Ledertasche am liebsten mit in den Fond nehmen, aber als meine Freundin den Kofferraum öffnete, folgte ich automatisch ihrem Befehl und

legte den Koffer in den ordentlichen sauberen Kofferraum. Die schwarze Ledertasche behielt ich bei mir, ihr
Inhalt war wertvoll. Sie war voller Geschenke für sie und
ihren Sohn. Kleine Spielzeuge, handgemachte Tücher,
bis hin zu süßen Datteln und sehr gutem Landwein. Am
schönsten fand ich aber ein kleines Kamel, eine Handar-
beit aus Leder. Ich war mir sicher, dass diese Geschenke
sehr viel Freude auslösen würden. War ja auch ganz
selbstverständlich, denn meine Freundin hatte mir auch
immer sehr schöne Klamotten mitgebracht, die ich voller
Stolz trug und damit die ganze Aufmerksamkeit meiner
Kumpel, teilweise auch deren Neid auf mich zog. Fast
alle waren von dem Sweatshirt mit dem großen weißen
Fisch auf der Rückseite begeistert. Nur Hassan, der 6
Jahre in Deutschland gelebt hatte, nicht. Er sagte: »Oh,
fishbone, jemand hat den Fisch schon gegessen und für
dich sind nur die Gräten übrig geblieben.« Trotzdem
war ich stolz auf meinen fleischlosen Fisch und trug das
Sweatshirt den ganzen Herbst über. Die allerschönsten
Geschenke die ich in meiner Tasche für sie hatte, waren
eine Wasserpfeife und ein handgemachtes Schachbrett.
Ich wollte Sachen aus meinem Land verschenken, alles
andere hatten sie hier ja sowieso. So legte ich die Tasche
vorsichtig auf den Rücksitz und setzte mich auf den Beifahrersitz.

Meine Freundin fuhr aber noch nicht los, sondern zeigte
streng auf den Sicherheitsgurt und sagte: »du hast vergessen, dich anzuschnallen.« Ich fand das sehr lustig,
bei uns schnallt man sich nur an, wenn man kontrolliert wird. Sobald man weiter fährt, löst man den Gurt

und genießt wieder das Gefühl für eine Fahrt in Freiheit. Hier sah ich aber weit und breit keinen Polizisten und ich musste mich trotzdem anschnallen. Wie süß, sie hatte Angst um mich! Wir fuhren endlich langsam vom Parkplatz, der voll mit Autos aller Art und Größe war, dessen Anblick mich an eine Autofabrik erinnerte, die ich einmal im Norden meines Landes gesehen hatte. Ich hatte zwar gedacht, dass ich hier fast nur BMW und Mercedes sehen würde, war aber fasziniert davon, wie viele einzelne Modelle es von Toyota gab, ich kannte nur wenige davon. Das komische für mich war, dass die Autos weder beschädigt, noch halb lackiert waren. Das Auto meines Onkels war zum Beispiel immer halb lackiert, mal vorne, mal hinten, mal die linke Seite, mal die rechte, nur das Dach hatte er noch nie geschafft.

Die Kennzeichen der Autos machten mich neugierig und ich fragte mich jedes Mal wenn uns ein Auto überholte, woher es wohl kommen mochte. Ich fragte also meine Freundin, sie schien daran nicht sehr interessiert zu sein. Sandy nannte mir viele deutsche Städte, von denen ich noch nie gehört hatte. Dabei war ich mir ziemlich sicher, dass ich die Namen der meisten deutschen Städte kannte. Manchmal sagte sie auch, sie kenne ein Kenzeichen nicht, was mich richtig überraschte. Eine richtige Deutsche musste doch wohl alle deutschen Autokennzeichen kennen. Am lustigsten war, dass die meisten Fahrzeuge fast leer waren, es saß meist nur der Fahrer drin, höchstens aber zwei Leute und so viele Frauen am Steuer hatte ich in meinem ganzen Leben noch nicht gesehen. Sie sahen ähnlich aus wie die Frauen die bei uns Urlaub machten, nur wirkten sie hier viel sicherer und selbstbewusster, als auf unseren staubigen Straßen. Ich schaute zu meiner Freundin rüber, sie wirkte genauso wie die anderen Frauen. Plötzlich hatte ich das Gefühl, sie zum ersten Mal zu sehen. »Was unser Auto Name?« fragte ich sie. Sie sagte: »das ist ein Skoda Oktavia.« Was für eine komische Idee, ein so schönes Auto auf so einen schweren komischen Namen zu taufen. Ich würde ihn bestimmt sehr schnell wieder vergessen.

Ich musste mir ab jetzt alles ganz genau merken, damit ich nach meiner Rückkehr viel zu erzählen hatte. Es würde viele Freunde, Verwandte und Kollegen geben, die ganz heiß darauf waren zu hören, was ich alles erlebt und gesehen hatte und ob es sich lohnen würde nach Deutschland zu fahren, obwohl ich wusste, das so eine Reise für die meisten der größte Traum war. Zum Flughafen hatten mich ein dutzend Freunde begleiten wollen, aber in das kleine Auto passten außer mir nicht mehr als fünf Leute. Der Freund meines Bruders war der Fahrer, mein Bruder saß vorne neben mir und auch Hassan fuhr mit und gab mir gute Ratschläge, die ich bestimmt gut gebrauchen konnte, er hatte ja viel Auslandserfahrung. Außerdem begleiteten mich Nasser und Shafik mit denen ich längere Zeit gearbeitet hatte und jedem war es klar, dass ich eine wunderschöne Zeit in Deutschland haben würde. Ich war sicher, dass ich mit meinen zweihundertvierzig Euro, die ich bei mir hatte, zwei Wochen Urlaub wie ein König machen konnte. Leider musste ich auf dem Flughafen für die zweite Stange Zigaretten, die ich im Flugzeug gekauft hatte, zwanzig

Euro Strafe zahlen, aber es war immer noch genug Geld da. Mit dem Geld was ich noch hatte, hätte ich bei uns locker zwei Monate leben können. Was für ein herrliches Gefühl es war, Euro in der Tasche zu haben und auch ausgeben zu dürfen. Nachdem ich so meinen Gedanken nachgegangen hatte, fiel mir auf, das jetzt fast alle Autokennzeichen mit den gleichen Buchstaben anfingen. Neben der Autobahn sah ich weit und breit Wiesen und viele grüne Bäume, die mir Freude brachten und gleichzeitig fremd schienen. »Wie lange wir zuhause?« fragte ich Sandy und sie antwortete: »ungefähr in einer halben Stunde.« Obwohl ich sehr müde war und mich gerne hingelegt hätte, empfand ich es zu früh, schon in einer halben Stunde da zu sein. Ich hätte gerne mit ihr weiter und weiter fahren wollen und dann am Abend nach Hause, aber nicht in einer halben Stunde.

Die Stadt war ziemlich ruhig und ich hatte viel größere Gebäude erwartet. Jetzt würden wir bald zu Hause sein. Es folgten ein paar große Straßen, zwei kleinere Straßen, alle ziemlich leer, und dann waren wir vor dem Gebäude, dass ich vom Foto längst kannte. Sie parkte vor dem Haus, zwischen vielen anderen Autos und wir konnten aussteigen. Ich wäre lieber noch im Auto geblieben. Trotz des großen Gebäudes und der vielen Wohnungen war kein Mensch zu sehen. Ich stieg aus, nahm meine Tasche, meine Freundin holte den Koffer und wir gingen zur Haustür. Ich war mir sicher, dass die gesamte Nachbarschaft am Fenster stehen und zu uns schauen würde, obwohl ich niemanden am Fenster sehen konnte. Ich schleppte meinen Koffer ein paar Treppen hoch, dann standen wir vor einer Tür. Meine Freundin klingelte erst und schloss dann die Tür auf. Die Mutter meiner Freundin war da und begrüßte mich sehr freundlich. »Na, wie war der Flug?« »Gut, gut. Alles klar«, sagte ich sehr höflich. »War Phillip brav?« fragte meine Freundin ihre Mutter. »Ja, er spielt jetzt.« Ich ging ins Wohnzimmer und sagte: »he, Phillip, geht gut?« Phillip, der gerade fünf Jahre alt war, sah mich erschrocken an und begann zu schreien. Als er seine Mutter sah, lief er zu ihr und betrachtete mich misstrauisch. Ich schaute mich um im Wohnzimmer. Schöne schwarze Ledersessel in der Mitte, vorne ein großer Fernseher, Regale voller Bücher, ein kleiner Esstisch mit vier Stühlen und ein Käfig. Ich schaute genauer hin, konnte aber nicht glauben, was ich sah. Es waren tatsächlich zwei Ratten im Käfig. Ich sah noch mal hin, es blieben zwei Ratten, die eine grau, die andere blond. Hatte meine Freundin die gefangen und in den Käfig geschmissen oder waren das wirklich Haustiere? Ich wusste das viele Deutsche Hunde, Katzen, Vögel oder auch Fische hatten, aber Ratten als Haustiere, das konnte ich nicht glauben. Hätte sie mir im Urlaub gesagt, dass ihre Schmusetiere Ratten sind und ich mit denen zwei Wochen unter einem Dach leben sollte, hätte ich lange überlegen müssen, ob ich die Einladung überhaupt annehmen sollte. Unsicher ging ich weiter ins Schlafzimmer und hoffte nur inständig, dass sie dort keine Schlangen züchtete.

Auf dem Fensterbrett standen einige Kakteen und Holzfiguren, das Fenster war sehr groß und tauchte das Schlafzimmer in angenehmes Licht. Auf dem großen Bett lagen zwei ordentliche Bettdecken und zwei Kissen, alles in schöner heller Bettwäsche. Ich hätte dort sofort einschlafen können, aber ich hatte meine Freundin seit ein paar Monaten nicht gesehen und hatte natürlich anderes im Kopf. Heidi, ihre Mutter blieb nicht lange, sie unterhielt sich ein wenig mit mir, dann wünschte sie uns einen schönen Abend und viel Spaß und verschwand. Als die Oma weg war, stand mir Phillip noch skeptischer gegenüber. Er hatte bestimmt gehofft, dass ich Oma gehöre und nicht Mama. Jetzt sollte er mich weiter ertragen, was er überhaupt nicht vorhatte. Als ich zu ihm ging, fing er sofort an laut zu schreien. Ich wusste nicht, was ich machen sollte. Seit Heidi weg war, hing Philip an seiner Mutter und war entschlossen, seinen Platz nicht mit einem Fremden zu teilen.

Er war noch blonder als seine Mama und mit seinen schönen grünen Augen sah er mich an, als wolle er mir Angst machen. Ich beschloss, ihn erst einmal in Ruhe zu lassen, bis er sich beruhigt hatte. Als er müde aussah, sollte er ins Bett gehen. Das gute an meiner Anwesenheit war, dass er beschlossen hatte, ganz brav zu seiner Mama zu sein und ohne großen Krach ins Bett ging. Als meine Freundin Phillip in seinem Zimmer eine Gute-Nacht-Geschichte erzählte, betrachtete ich mir nochmals die Bücher und die Ratten und schaltete dann den Fernseher ein. Es gab sehr viele Sendungen und alle schienen sehr interessant zu sein. Ich konzentrierte mich und versuchte zu verstehen, worüber die Leute redeten, was mir allerdings nicht gelang. Bei einem Film konnte ich manche Wörter verstehen, aber alle redeten so schnell, dass ich den Sinn nicht begreifen konnte. Meine Freundin kam ins Wohnzimmer zurück und fragte erstaunt: »warum sitzt du auf dem Boden?« und ich sagte: »bisschen fernseh gucke.«

Als sie neben mir war, stand ich auf, nahm sie fest in die Arme und küsste sie so intensiv, wie ich es gerne schon auf dem Flughafen getan hätte aber sie hatte andere Dinge im Kopf. »Hast du Hunger?« fragte sie. Natürlich hatte ich Hunger. Im Flugzeug hatte ich zwar Hähnchen gegessen und danach Kekse zum Kaffee bekommen aber jetzt spürte ich tatsächlich einen Riesenhunger und war außerdem sehr gespannt auf die deutsche Küche. »Ja, essen, essen, nicht vergessen« sagte ich, das hatte ich von deutschen Touristen gelernt. »Schweine aber nicht essen«, das hatte ich von Hassan gelernt, der sechs Jahre in Deutschland war. Ich sollte kein Schweinefleisch essen. Hassan hatte mir erklärt, dass die Deutschen sehr viel davon essen, und ich solle überall aufpassen. »Ok, gleich essen wir Abendbrot, dann können wir fernsehen und dann schlafen«, sagte meine Freundin. Der Joghurt und der Apfelsaft schmeckten gut und es gab verschiedene Sorten Brot. Der Tisch war sehr klein und ich konnte mir gut vorstellen, dass man nicht das ganze Essen draufstellen konnte. Ich wusste, dass die Deutschen immer Vorspeisen essen, also wartete ich auf die Suppe und nahm nicht soviel Brot. Außerdem musste ich ja auch noch Platz für das Hauptgericht lassen. Ein Glas Apfelsaft und ein wenig Joghurt nahm ich aber doch noch. Danach ging alles sehr schnell. »Du bist schon satt?« fragte meine Freundin, räumte den Tisch ab und stellte den Fernseher an. Jetzt wollte ich der Sache auf den Grund gehen und konzentrierte mich auf meine Worte, sammelte meine ganze Kraft und sagte: »Sandy, Ambrot, heute abend, was essen?« Sie hat mich nicht verstanden...

Spaziergang

Es war nicht zu begreifen warum es in dieser Stadt so viele Ampeln gab. Ich ging zu Fuß durch die Stadt. Die neuen Schuhe hatte ich erst zu Beginn meiner Reise angezogen und sie drückten an meinen Füßen. Dabei waren die schicken schwarzen Schuhe gar nicht billig gewesen, ich hatte sie extra für die Reise nach Deutschland gekauft. Lange hatte ich die Geschäfte durchsucht, bis ich die tollen schwarzen Schuhe aus der Vitrine eines kleinen aber feinen Ladens genommen hatte. Ich hatte zwar lange gehandelt, aber der alte Verkäufer, der wahrscheinlich selbst der Ladenbesitzer war, war nicht bereit mit dem Preis runter zu gehen. Ich kaufte nicht jeden Tag neue Schuhe und ich flog schon gar nicht jede Woche nach Deutschland. Jetzt drückten diese Schuhe an meinen Füßen, aber das konnte mich nicht davon abhalten, weiter und weiter zu laufen. Es war mein erster Spaziergang allein in Deutschland und wie ein kleines Kind, das zum ersten Mal ohne seine Mutter unterwegs ist, genoss ich es.

Die letzte Nacht hatten wir mit allem außer schlafen verbracht. Am Morgen hatte dann meine Freundin den kleinen Phillip zum Kindergarten gebracht und nun musste sie bis zum Nachmittag arbeiten. Danach hatte sie eine Woche Urlaub und wollte mir vieles zeigen: ihre Bekannten, ihre Freundinnen und die Stadt, auf die ich sehr neugierig war und die ich jetzt erst einmal auf eigene Faust zu entdecken versuchte.

Ich war irgendwann, nachdem Ruhe in der Wohnung herrschte, aufgestanden und war voller Unternehmungslust. Meine Freundin hatte zum Abschied gesagt, dass ich für mein Frühstück alles nehmen könnte, worauf ich Lust hätte und dass mir selbstverständlich die ganze Wohnung zur Verfügung stände. Also inspizierte ich den Kühlschrank und fand eine Menge Sachen, die sehr lecker und schmackhaft aussahen. Ich nahm Fruchtjoghurt, Käse, Marmelade und Honig und dann holte ich Brötchen und machte ein königliches Frühstück. Meine Freundin hatte gesagt, dass ich auch Kaffee oder Tee machen könne. Kaffee war ich nicht gewohnt, aber Tee wollte ich sehr gerne trinken. Als ich in den Küchenschrank sah, konnte ich nicht glauben, dass es so viele Teesorten überhaupt geben konnte. Ich kannte schwarzen Tee, Apfeltee und Orangentee. Die Namen der vielen Kräuter- und Früchtetees hier kannte ich zum größten Teil nicht einmal. Um auf Nummer sicher zu gehen, gab ich zwei Löffel Orangentee in eine Tasse, übergoss sie mit kochendem Wasser und trank den Tee zum Frühstück. Ich war fest entschlossen, während der nächste vierzehn Tage auch alle anderen Sorten zu probieren.

Ich nahm meine Tasse mit ins Wohnzimmer und sah zwei Stunden fern. Wieder so viele Sendungen, die ich jetzt aber langweilig fand. Vor allem, weil die Leute alle ein deutsch sprachen, dass wirklich keiner verstehen konnte. Was für merkwürdige Dialekte und das im Fernsehen! So entschied ich mich dann für einen Spaziergang. Ich hatte noch viel Zeit, meine Freundin hatte gesagt, ich könnte ruhig etwas unternehmen, sollte aber am Nachmittag zu Hause sein.

Obwohl ich nicht erwartet hatte, dass es zu dieser Jahreszeit in Deutschland kalt sein könnte, hatte ich einen Pullover mitgebracht, den ich nun anzog. Ich nahm den Wohnungsschlüssel vom Schlüsselbrett, schloss die Tür zweimal ab, so wie meine Freundin mir das eingeschärft hatte. Dann war ich bereit, die für mich neue Welt zu erkunden. Ich überlegte in Richtung Innenstadt zu gehen. Die Wohnung war vom Stadtzentrum weit entfernt, dass war mir egal. Die Straßen waren in der Mitte perfekt weiß gestreift, und schöne saubere Autos fuhren vor meinen Augen vorbei. Trotz der vielen Autos waren die Straßen sehr stumm. Ich konnte kaum verstehen, wie die ohne zu hupen klar kommen konnten. Bei uns waren die Autos viel lauter und gehupt wurde bei jeder nur erdenklichen Gelegenheit.

Ich ging auf dem Fußweg den roten breiten komischen Streifen entlang und versuchte mir alle Straßen und Gebäude gut zu merken, damit ich wieder schnell und pünktlich zurück sein konnte. Alle paar Minuten stand ich vor einer Ampel und musste auf das grüne Licht warten. Vor jeder Ampel hatte ich das Gefühl, dass mich die Leute von ihren Autos aus beobachten. Einmal sah ich eine Frau mit einem kleinen Mädchen an der Hand, das Mädchen drückte einen großen gelben Knopf und wie von Geisterhand wurde es grün und ich konnte weiterlaufen. An der nächsten Kreuzung entschied ich mich nach rechts abzubiegen, auf dem Rückweg würde ich also nach links abbiegen müssen. Zur Sicherheit merkte ich mir noch den Namen der Strasse. Die Strassen hatten alle komische und schwere Namen, es war für mich schwer, sie im Gedächtnis zu behalten.

Ich kam in eine Gegend mit Geschäften. Geld hatte ich dabei, wusste aber nicht, ob man einfach jedes dieser Geschäfte betreten durfte, oder ob sie nur bestimmten Leuten zugänglich waren. Als ich in einen Obstladen schaute, sah ich in asiatische Gesichter. Daneben war eine Boutique, draußen waren viele Klamotten an einen Ständer gehängt, mit großen Preisschildern daran. Auch in diesem Geschäft Asiaten, ich dachte wahrscheinlich Chinesen. Ob das auch Ausländer waren, oder Deutsche, deren Eltern hier einmal eingewandert sind? Wenn man so ein Geschäft hatte, war man bestimmt reich und hatte es geschafft in Deutschland. Als nächstes kam etwas wie ein Bistro, drin stand ein Türke und schnitt Döner. Er sah mich sehr aufmerksam an, wahrscheinlich dachte er, ich sei auch Türke. Zumindest glaubte ich, seine Aufmerksamkeit erregt zu haben, er schnitt aber weiter Döner und beachtete mich nicht weiter. Freuten sich Ausländer hier nicht, wenn sie einen vermeintlichen Landsmann sahen?

Nach ein paar Metern kam wieder eine Ampel. Die Seitenstraße war voll geparkt mit Autos, es sah aus wie ein Autohandel. Warum parkte man mitten am Tag Autos am Straßenrand und fuhr nicht damit? Ich wartete, bis es wieder grün war. Auch hier gab es wieder so einen großen, komischen gelben Knopf. Ich überquerte mit vielen anderen Männern und Frauen die Straße. Es machte großen Spaß einfach weiter zu laufen und Geschäfte und Menschen zu betrachten. Männer und Frauen, die viel schneller waren, als ich sie aus ihrem Urlaub kannte. Sie waren für mich die deutschen Touristen die ich seit Jahren kannte, aber manchmal dachte ich, die sind hier ein bisschen anders. Die älteren Leute, die hier in den Geschäften ein und aus gingen schienen mir eher identisch mit der Art der Touristen, die ich kannte. Sie bewegten sich langsam und vorsichtig und sahen freundlich aus.

Ich wollte gerne ein wenig deutsch reden, dazu musste ich jemanden etwas fragen. Deutsch hatte ich im Laufe meiner Arbeitsjahre im Tourismus gelernt. Ich sprach sehr gut deutsch, jedenfalls dachte ich so. Wir fragten die Touristen häufig wie gut wir deutsch sprechen und sie sagten immer »Sehr gut.« Eine Frau hatte sogar einmal gesagt, sie könne nur deutsch, die Deutschen könnten einfach keine Fremdsprachen lernen und wir wären da doch viel besser. Da war ich richtig stolz und gab ein wenig an: »Ich, meine Muttersprache und deutsch und, how are you, English speaking.« Was mir bis jetzt hier zu Ohren gekommen war, war so gar nicht meine Art zu reden, die sprachen bestimmt einen sehr schweren Dialekt. Ich wusste längst, dass es viele verschiedene, komplizierte Dialekte in der deutschen Sprache gibt, aber das war bei uns ja auch nicht anders. Ich war bestimmt an einem falschen Ort, wo man kein Hochdeutsch sprach. Nur Heidi und meine Freundin konnten es. Von Phillip wusste ich es nicht so genau, er schrie sowieso die ganze

Zeit. Was konnte ich fragen und wen sollte ich ansprechen? Auf einmal hatte ich die Idee, nach der Straße zu fragen, in der ich wohnte. Die kannte hier in der Gegend bestimmt jeder. Ich würde die Straße auch so finden, ich musste nur dem roten Strich in umgekehrter Richtung folgen, aber das war eine geniale Gelegenheit mit jemandem deutsch zu sprechen. Ich hätte gerne eine Frau gefragt, die waren bestimmt alle sympathisch und würden mir sehr gerne helfen. Letztendlich hatte ich aber doch keinen Mut jemanden anzusprechen.

Ich fand es auch sehr interessant, wie viele Leute in dieser Stadt Fahrrad fuhren, sogar viele ältere Leute. Wenn ich das meiner Mutter erzählt hätte, sie würde es nicht glauben. Meine Gedanken wurden wieder von einer roten Ampel unterbrochen, ich musste warten. Nun suchte ich wieder nach einer passenden Person, die ich ansprechen konnte. Es wurde grün und ich ging weiter. Ich wollte mir ein besonders sympathisches Gesicht aussuchen. Auf einmal merkte ich, wie ein Radfahrer von der gegenüberliegenden Straßenseite sehr dicht an mir vorbeifuhr, obwohl es genügend Platz gab. Neben mir wurde er ganz langsam, drohte mit seiner Faust und im Weiterfahren schrie er: »Das ist ein Fahrradweg.«

Jacke oder Hose?

Wer konnte sich vorstellen, dass es Ende September so kalt in Deutschland sein konnte? Als ich meine Freundin am Telefon fragte wie das Wetter so sei, hatte sie mir gesagt »Immer noch recht gut«, aber es war alles, außer gut für mich. Die letzten Tage vor meinem Flug war ich immer noch im T-Shirt und mit leichten Klamotten spaziert. Sandy hatte mir nicht gesagt, dass man hier schon Jacken und Pullover brauchte. Ich hatte auch in meinem ganzen Leben noch keinen Wintermantel getragen, es war so, als ob man jemandem, der noch nie in seinem Leben Schuhe getragen hatte, etwas über Wollsocken erzählen würde. Ich hatte einen Pullover dabei, weil ich in einem kleinen Koffer soviel Sachen wie nur irgend möglich untergebracht hatte und ich dachte, dass es wenige Leute gibt, die so viele Klamotten besitzen.

Diese Vorstellung endete allerdings, als ich den Kleiderschrank meiner Freundin sah. Wie ich später erfuhr, wurde sie von ihrer Mutter sogar noch übertroffen. Meine arme Mutter hatte bestimmt in ihrem ganzen Leben nicht so viel Kleidung besessen, wie hier in dem riesengroßen Schrank konserviert worden war. Und diese Mengen an Schuhen, die alle noch heil waren. Schuhe werden bei uns auch ziemlich oft gewechselt, aber nur weil sie nie lange halten. An der Kleidung können wir unsere Nachbarn von weitem erkennen, die Sachen werden so lange angezogen, wie sie halten. Als ich den Kleiderschrank meiner Freundin und den ihrer Mutter gesehen hatte, wusste ich genau, dass es mir an etwas fehlte und zwar an ein paar schönen Klamotten.

Ich war eigentlich immer ein Fan von bunten ausgefallenen T-Shirts gewesen, am liebsten mit Schriften, Zahlen und Zeichen drauf. In meiner Freizeit habe ich immer ein schönes Shirt, eine Jeans und Turnschuhe angezogen, was alle meine Kumpels, die nicht neidisch waren, klasse fanden.

Am Tag zuvor hatte mir meine Freundin erst die Sehenswürdigkeiten der Stadt gezeigt und am Nachmittag, nachdem wir Phillip abgeholt hatten, waren wir zu ihrer Mutter gefahren. Der Kleine saß in seinem Kindersitz im Auto, sah mich skeptisch an und jedes Mal wenn ich mit ihm sprechen wollte, fing er laut an zu schreien: »Was willst du hier?« Seine Mutter sagte ganz lieb zu mir: »Er ist doch noch ein Kind.« Ich war sprachlos, aber was konnte ich machen? Ich versuchte den Kleinen nicht anzuschauen und zu stören und unterhielt mich mit meiner Freundin.

Nach ein paar Minuten waren wir bei Oma. Sie wohnte nur ein paar Straßen weiter und hatte uns zu Kaffee und Kuchen eingeladen. Sie stand schon in der Tür und bat uns herein. Ihre Wohnung war noch größer und noch schöner als die meiner Freundin. Sie verdiente als Anwältin sicher sehr viel Geld, sonst hätte sie sich bestimmt nicht soviel leisten können. Hinter ihr stand eine dicke große Katze mit langen, weißen Haaren, die selbstverliebt und langsam ins Wohnzimmer schritt.

Phillip fühlte sich sichtlich wie zuhause und ging auch gleich ins Wohnzimmer. Ich sollte mich nicht fremd fühlen und die Mutter meiner Freundin bot mir an, erst einmal gründlich die Wohnung anzuschauen; sie hatte meine Neugierde bemerkt. Die Frauen setzten sich gleich an einen Tisch und fingen an zu erzählen und obwohl ich nicht alles verstehen konnte, war es klar, dass sie über mich redeten und manchmal lachten sie zusammen. Ich schaute neugierig in alle Ecken der Wohnung und war wieder einmal überrascht, wie gemütlich man doch eine Wohnung möblieren konnte. Ich durfte sogar einen Blick in den Kleiderschrank werfen. Als ich die Unmengen Kleidung sah, war ich mir nicht sicher, ob Heidi alleine lebte, oder vielleicht zusammen mit einer anderen Frau.

Am Abend als Phillip zu Bett gebracht worden und eingeschlafen war, wagte ich es, mich neben meine Freundin zu setzen. Es wurde gleich der Fernsehapparat angemacht. Ich hatte aber noch dringend etwas zu klären, so sagte ich »Ich morgen Klamotten kaufe, zusamme gehen?« Sie zog mich an sich und sagte ganz zärtlich »Ja mein Schatz, ich habe sowieso wegen dir Urlaub genommen.«

Als sie Phillip am nächsten Morgen zum Kindergarten brachte, war ich noch im Bett. Auch als sie mit frischen Brötchen zurückkam, wollte ich das Bett nicht verlassen. Das Stück Himmel, das ich durch das Fenster sehen konnte sah grau aus und es schien mir, als ob das Wetter sein trübes Gesicht direkt ins Schlafzimmer steckte. Ich drehte mich meiner Freundin zu und deutete ihr an, dass sie nochmals zu mir ins Bett kommen sollte. Sie legte das Paket mit den Brötchen auf den kleinen Schrank neben der Tür, zog die Jacke aus, setzte sich zu mir auf den Bettrand umarmte mich und sagte: »Wenn wir nicht pünktlich in der Stadt sind, werden alle Klamotten ausverkauft sein.« Ich ließ sie schnell los, saß sofort senkrecht im Bett und riss die Augen groß auf. War so etwas wirklich möglich? Sandy lachte freundlich und sagte »Das war ein Scherz, komm erst mal frühstücken. Wir haben die letzten Tage genug Zeit im Bett verbracht.« Da hatte sie auch wieder Recht, also stand ich auf.

Nach dem Frühstück telefonierte meine Freundin mit einer Kollegin und lachte ein paar Mal am Telefon. Soweit ich verstehen konnte, berichtete sie, dass mit uns alles sehr gut ginge. Als sie fertig war mit telefonieren fütterte sie ihre Ratten, streichelte sie kurz und fragte mich dann »Bist du fertig, hast du alles?« Ich war schon längst fertig, aber was sollte ich alles haben? So antwortete ich wie immer, wenn ich nicht alles verstand »Na klar.« Sie lächelte wieder und nahm mich zärtlich in die Arme. Ich wollte noch laut schreien »Nach Ratten streicheln, bitte erst Hände waschen, dann Menschen anfassen«, aber es war schon zu spät.

Die Fahrt dauerte nur ein paar Minuten, dann waren wir im Stadtzentrum und unser Auto wurde in einer Tiefgarage abgestellt. Ich stieg aus und fühlte mich frei und bereit für das große Abenteuer Einkauf. Wir stiegen mit mehreren Leuten in einen großen, breiten

Fahrstuhl und wenige Sekunden später waren wir in der Mitte eines Gebäudes mit sehr vielen Geschäften, die voller Menschen waren. Viele waren blond und alle sehr schick. So viele Touristen auf einmal hatte ich vorher nie auf einem Haufen gesehen, oder gingen die alle nur ganz normal einkaufen? Ich hörte das tick, tick vieler Schuhe, es waren mehr Frauen als Männer unterwegs. Wenn sie zu zweit waren, ging die Frau meist voraus und der Mann folgte bepackt mit schweren Tüten. Ich wollte auch gerne manches kaufen, heute wollte ich mir erst einmal eine richtig schicke Jeansjacke holen, das war es, was mir wirklich fehlte.

Ich kam aus dem Staunen nicht heraus. Schuhgeschäfte, Boutiquen, Uhren- und Goldgeschäfte, wieder und wieder Boutiquen, ein Fischbistro, eine Cafeteria, es war viele Male schöner als unsere Touristenzentren und Einkaufsstraßen. Ich dachte immer, dass es in Deutschland nicht so viele schöne Sachen zu kaufen gibt. Warum kauften die Touristen sonst bei uns ein? Gelegentlich hatte ich schon gehört, dass gefälschte Produkte wesentlich günstiger waren als die Markenprodukte, die Qualität dafür aber um einiges schlechter. Ich suchte jetzt nach den Originalen und wollte mir schöne und auffällige Markensachen holen. Wenn ich wieder zu Hause war, sollte jeder schon von weitem sehen, dass ich in Deutschland gewesen war und dort eingekauft hatte. Wir bummelten durch viele Geschäfte und ich fühlte mich wie eine Biene, die in einem Garten voller leckerer Blumen war. Ich hätte am liebsten eine ganze LKW-Ladung voller Sachen gekauft. Es gab so viele schicke Hemden, T-Shirts,

Hosen und Jeans, Wrangler, Lewis, Schuhe, Socken, Krawatten, Brillen, das war unglaublich.

Ich war ziemlich traurig, dass ich nicht genug Geld hatte, um all die schönen Sachen zu kaufen. Ich probierte vieles an und sah mich damit im Geiste durch unseren Ort laufen. Viele würden mich bewundern oder beneiden, um die tollen Sachen aus Deutschland. Besonders angetan hatten es mir Turnschuhe mit roten Streifen, aber was mich richtig anmachte, waren die Jeanshosen und – jacken von Lewis. Mein Gott, endlich nach endlosem suchen und probieren hatte ich die Wahl meines Lebens getroffen, eine sehr schöne Jeans mit der dazu passenden schicken Jacke in meiner Größe. Die Hose musste sowieso gekürzt werden, aber der Rest saß wie gegossen. Ich wollte mit diesen Sachen aus dem Flugzeug aussteigen und gleich auf dem Flughafen gesehen werden. Wer solche tollen Markenklamotten nicht erkennen würde, müsste wirklich blind sein. Wahrscheinlich musste ich es aber doch einigen von meinen Kumpels erklären; manche hatten wirklich keine Ahnung. Ich sagte zu meiner Freundin die bis jetzt sehr nett und geduldig auf mich gewartet hatte: »diese sehr gut, diese kaufen.« Jedes Mal, wenn eine Verkäuferin zu uns gekommen war und gefragt hatte, ob sie helfen könne, hatte Sandy geantwortet: »danke, wir wollen erst ein wenig schauen.« Diese Sachen mussten es jetzt sein, obwohl ich ein schlechtes Gewissen wegen der teueren Preise hatte.

So entschied ich, dass es besser wäre auf die teueren Turnschuhe mit den roten Streifen erst einmal zu verzichten. Wichtig waren jetzt die Hose und die Jacke. Ich nahm die Sachen über den Arm und wiederholte: »Ok. Wir diese kaufen.« Meine Freundin schaute mich an und sagte sehr leise »Hast du denn soviel Geld mit?« Ich wiederholte den Satz ganz langsam, Wort für Wort, in meinem Kopf. Eigentlich kannte ich alle Wörter, aber was meinte sie damit oder hatte der Satz gleich mehrere Bedeutungen, warum fragte sie mich das? Ich antwortete nach kurzer Pause »Nein« und versuchte zu lächeln. Machte sie jetzt Spaß mit mir? Ich verlor die Nerven nicht und fragte gleich »Du keine Geld mit?« Sie guckte mich etwas böse an, kniff die Augen ein wenig zusammen, schüttelte den Kopf und sagte ganz einfach »Nee.« Warum hatte ich nicht vorher daran gedacht, sie hatte vielleicht wirklich kein Geld dabei. Ich wusste aber genau, dass man auch anders bezahlen kann und fragte sofort »Du deine Karte da?« Sie schaute mich nun reichlich angewidert an, alle Freundlichkeit war aus ihrem Gesicht gewichen, und sagte ziemlich laut »Bist du bescheuert, oder was?«

Das war das erste Mal, dass sie so etwas zu mir gesagt hatte. Sie hatte zwar zum ersten Mal das Wort bescheuert gesagt, aber seine Bedeutung war mir völlig klar. Ich hatte keine Ahnung, warum sie plötzlich so gemein zu mir geworden war. Was war in dieser knappen Stunde nur geschehen, dass sie so böse geworden war? Wollte sie mich nicht mehr, oder hatte sie jemand anderen kennen gelernt, während ich in der Umkleidekabine war? Ich hatte gehört, dass die Deutschen sehr schnell jemand anderen kennen lernen und ihren Partner dann nicht mehr haben wollen, aber dass es so schnell ging, konnte ich einfach nicht glauben. Ich war völlig schockiert, wiederholte das böse Wort ein paar Mal leise bei mir und schaute aus den Augenwinkeln, ob uns andere Kunden beobachteten. Ich wusste, manche hatten es gehört, dass sie mich bescheuert genannt hatte. Vielleicht stand jetzt eine Verkäuferin hinten in einer Ecke und kicherte heimlich. Auf einmal waren die Klamotten gar nicht mehr schön, sie sahen richtig hässlich aus. »Gut, gehen!«, sagte ich. Die Luft war auf einmal sehr stickig und alle Menschen sahen sehr fremd aus. Am liebsten wäre ich alleine gegangen, aber ich wusste nicht wohin. Ich war so beleidigt und enttäuscht, dass ich sofort in das nächst beste Flugzeug eingestiegen wäre, wenn vor dem Kaufhaus der Flughafen gewesen wäre. Ich hätte sogar auf die zweite Woche Urlaub verzichtet und wäre sofort verschwunden, wenn ich nur gewusst hätte, wie man einen Flug umbucht. Ich hatte immer alles für sie bezahlt, wenn sie da war und jetzt das! Ich musste sofort aus dem Kaufhaus raus, ich drohte wirklich zu ersticken. Wie konnte sie mir das nur antun?

Sie hatte bestimmt genug Geld, aber eine Jeans und eine Jacke wollte sie mir nicht kaufen! Wenn meine Freunde das wüssten, hätten sich alle über mich lustig gemacht. Zu Hause durfte diese Geschichte auf gar keinen Fall jemand erfahren. Ich musste unbedingt ein paar kleine Statussymbole aus Deutschland mitbringen und dachte intensiv darüber nach, wofür mein Geld wohl reichen würde. Meine Freundin sah mich immer noch verständnislos an und ich wiederholte nochmals »Hallo, jetzt gehen. Ich morgen Geld holen, dann kaufen.« Sie nahm die Sachen und sagte monoton »Welche willst du, die Hose oder die Jacke?«

Dachte sie wirklich, dass ich bescheuert war? Dachte sie, ich würde jetzt vor Freude springen und Luftsprünge machen, oder ich würde gar betteln, mir doch bitte, bitte beides zu kaufen? Dafür war ich viel zu stolz. Sie fragte nochmals »Hallo, welche möchtest du jetzt haben?« Ich schaute zur anderen Seite und hörte mich antworten: »Hose.«

Schöner Sonntag

Es war Sonntag, Sandy musste nicht arbeiten und wir würden viel Zeit für uns haben. Am Mittag wollten wir Essen gehen und ich konnte auswählen, ob wir zum Italiener, Chinesen oder Griechen gehen wollten. Nachmittags sollte Phillips Vater kommen und ihn bis zum Abend mitnehmen. Wir würden in dieser Zeit die Mutter meiner Freundin besuchen und zu selbstgebackenem Kuchen und Kaffee eingeladen werden. Ich freute mich aber besonders auf die vielen exotischen Säfte, die sie im Kühlschrank hatte.

Es sollte also ein schöner Tag werden, auf den ich mich auch freute. Was für mich allerdings schwer zu begreifen war, war der Umstand, dass man einen Sonntag so genau plant und genau wusste, was man bis zum Abend vorhat. Im Taschenkalender meiner Freundin waren sogar Dinge eingetragen, die noch sehr weit in der Zukunft lagen. Als sie mir den Kalender zum ersten Mal zeigte, war ich mir nicht sicher, ob sie es Ernst meinte, oder mal wieder einen Spaß mit mir machte. Wie konnte man zum Beispiel in sechs Wochen zum Zahnarzt gehen, wenn man keine Zahnschmerzen hatte? Wenn man in der Zwischenzeit welche bekommen würde, wäre der Termin sowieso zu spät. Noch komischer fand ich die Einladung zum achtzigsten Geburtstag eines Verwandten in vier Monaten. Woher sollte man so genau wissen, ob der Gastgeber dann überhaupt noch lebte? Bei all dieser Terminierung war ich ganz sicher, dass unser Sonntag perfekt durchgeplant ablaufen würde.

Ich freute mich auf das Essen in einem ausländischen Restaurant und war sehr gespannt darauf, Phillips Vater kennen zu lernen. Auch die Aussicht auf Omas Kuchen und Säfte war verlockend.

Noch bevor ich richtig wach war, trommelte Phillip um sieben Uhr mit seinen kleinen Fäusten gegen die Schlafzimmertür. Seine Mutter sprang sofort auf und lief zur Tür. »Bist du schon wach mein Schatz?« hörte ich sie liebevoll sagen. Ich stellte mich schlafend und wollte noch ein wenig träumen, bevor das Frühstück fertig war. Ich war wieder eingeschlafen und hörte als nächstes meine Freundin: »Wir sind schon fertig, du kannst duschen gehen.« Das hörte sich mehr nach einem Befehl als nach einem Angebot an, also stand ich seufzend auf.

Am Frühstückstisch saß Phillip ganz eng neben seiner Mutter und sah mich wieder skeptisch an. Um den ganzen Ärger und die Schreierei zu vermeiden, setzte ich mich an die andere Seite des Tisches. Als er einen Moment abgelenkt war, goss ich mir Kaffee ein und schmierte mir ein Marmeladenbrot. Dann traf mich wieder sein unzufriedener Blick. Ich hätte gerne von seinen Cornflakes probiert, aber das konnte ich voll vergessen. Der Morgen war viel zu schön, um ihn zu verderben, also verhielt ich mich ganz brav. Es half trotzdem nichts, Phillip wurde immer frecher und als ich es wagte, mir Orangensaft in mein Glas zu gießen, fing er mal wieder laut an zu schreien. Vor lauter Schreck fiel mir der Tetrapack aus der Hand und Orangensaft ergoss sich über den gesamten Frühstücktisch. Na dann schönen Sonntag!

Meiner Freundin war das alles ziemlich peinlich. Was sollte sie mit uns beiden tun? Ich hatte mir für diesen Tag vorgenommen, mit Phillip zu spielen und einen Freundschaftsvertrag zu schließen, egal was kommen würde. Das brave Kind half seiner Mutter freiwillig, das Chaos zu beseitigen. Ich durfte nicht dabei helfen. Irgendwie mochte ich den kleinen Kerl trotz seiner Wutanfälle.

Ich sah ihn mir genau an. Er trug ein gelbes T–Shirt mit Trickfilmfiguren und eine rote Hose. Sein langes blondes Haar fiel fast auf seine Augen. Er sah wirklich lustig aus. Seine Mutter hatte mir erklärt, dass er eifersüchtig sei und sie ganz für sich allein haben wollte. Phillip hatte nie einen Mann in dieser Wohnung gesehen, sie hatten immer alleine gelebt. Das gefiel mir nun wieder sehr gut. Es gab in Sandys Leben keinen anderen Mann außer mir. Ich hätte nur zu gerne das Herz des Kleinen erobert, aber davon war ich meilenweit entfernt. Auf jeden Fall wollte ich mir alle Mühe geben, die Distanz zwischen uns so schnell wie möglich zu verringern. Hartnäckige Kinder hatte ich immer als Herausforderung gesehen, schließlich war ich selber auch mal so gewesen. Ich fasste mir ein Herz und fragte Phillip, ob wir zusammen spielen wollten. Keine Chance, er fing sofort an zu schreien: »Hau ab.« Dass es nicht einfach war, an ihn ranzukommen, hatte ich begriffen, aber ich gab nicht auf. Wenige Minuten später versuchte ich es erneut. »Du deine Spielzeug mir zeigen« sagte ich zu ihm. Er sah mich wieder böse an, fing an zu schreien und fragte seine Mutter: »Was sagt er?« Seine Mutter lachte kurz und erklärte ihm: »Er möchte deine Spielsachen sehen. Zeig ihm doch mal deinen Lieblingsbären.« Die Antwort war eindeutig: »Nein, er darf ihn nicht sehen.« Kurz darauf hörte ich die Tür des Kinderzimmers in Schloss fallen.

Es war an der Zeit, andere Probleme zu klären. Ich sollte endlich entscheiden, wohin wir zum Essen gehen wollten. Meine Freundin meinte es wäre besser, vorher im Restaurant anzurufen und einen Tisch zu reservieren. Was mich richtig interessierte, war chinesisches Essen. Ich hatte es noch nie probiert. Pizza, Gyros und Spaghetti kannte ich dagegen schon seit Ewigkeiten. So fiel die Wahl auf den Chinesen. Ich war sehr gespannt, wie die Leute dort sprechen, wie sie bedienen und so weiter. Sandy erklärte mir, dass in so einem Restaurant nicht ungedingt nur Chinesen arbeiten, sondern vorwiegend Leute aus Thailand und Vietnam. Vietnamesen gäbe es viele hier.

Das Gespräch wurde wieder von Phillip unterbrochen. Er war unbemerkt mit seinem Teddy im Arm aus dem Kinderzimmer gekommen und sah uns Arm in Arm auf der Couch sitzen. Er drängte sich sofort zwischen uns und das ganze Theater ging von vorne los. »Weg da, weg da« schrie er. Ich packte ihn an beiden Händen und Füßen und versuchte ihn zu schaukeln. Erst versuchte er sich mit ganzer Kraft zu wehren, dann ließ er es geschehen. Er lachte lauter und lauter und jauchzte schließlich vor Freude. Er hielt meine Hände ganz fest, das Eis war gebrochen.

Beim Chinesen war fast die gesamte Einrichtung rot und alles war voller Figuren und Statuen. So ein Restaurant hatte ich noch nie gesehen. Zwei sehr kleine Kellner liefen hin und her und obwohl das Lokal nur mäßig besucht war, machten sie einen sehr hektischen Eindruck. Wir fanden einen Vierertisch und Phillip fing diesmal nicht an zu schreien. Obwohl die Speisekarte auf Deutsch geschrieben war, schien für mich doch alles Chinesisch. Die Fische kannte ich nicht und Schwein wollte ich nicht. Dann fiel mein Blick auf eine Auswahl von Entengerichten. Bei Enten konnte ich sicher nichts falsch machen. Kurze Zeit später füllten zwei große und ein kleiner Teller den Tisch. Das Essen war köstlich und die Stimmung prima. Als der Kleine nach dem Essen sein Eis bekam, sah er ganz glücklich aus.

Zurück zu Hause waren wir alle drei ziemlich müde. Phillip schlief gleich auf dem Sofa ein. Er sollte sich ausruhen für den Nachmittag mit seinem Vater. Obwohl Sandy nie mit ihm zusammengelebt hatte, holte er seinen Sohn gelegentlich ab. Er ging dann mit ihm in den Zoo oder ins Kino. Die beiden verstanden sich gut und Sandy meinte, dass ein Junge eine männliche Bezugsperson braucht, von der er vieles lernt. Sie wünschte sich einen Mann an ihrer Seite, der mit ihr und dem Kind zusammen leben und an seiner Erziehung mitwirken sollte. Es fehlte der Mann im Haus. Mir lief ein Schauer über den Rücken. Das ging dann wohl doch alles ein bisschen zu schnell!

Das Klingeln an der Wohnungstür riss mich aus meinen Gedanken. Phillip wurde wach und lief sofort zur Tür. Da war er also. Steffen war etwa in meinem Alter aber sehr viel größer als ich. Er sah wirklich nicht schlecht aus. Während er Sandy einen flüchtigen Kuss gab, drehte er seinen Kopf zu mir und fragte: »Dein Freund?« Dann kam er auf mich zu und gab mir freundlich die Hand. In meinem Land wäre es jetzt wahrscheinlich zu einer Schlägerei gekommen. Dieser Mann war einfach nur nett und gar nicht eifersüchtig. Mir war die Situation ein wenig peinlich. Hier schien es aber ganz normal zu sein, dass ein Exfreund einen seiner Nachfolger begrüßt. Eigentlich fand ich das gar nicht so schlecht. Meine Freundin zog Phillip an, kämmte seine langen blonden Haare und sagte: »Sei brav, ok?« Dann waren Vater und Sohn verschwunden.

Disco

Im Urlaub ging meine Freundin gerne mal in die Disco. Als ich sie zum ersten Mal fragte ob sie mit mir ausgehen würde, sagte sie zu meiner Freude sofort ja.

Ihre Mutter erklärte sich bereit, für zwei Stunden auf Phillip aufzupassen. Wir waren dann häufiger tanzen und jedes Mal länger als zwei Stunden. Ich führte sie stolz in alle Hoteldiscos und mit einer Touristin an meiner Seite konnte das kein Türsteher der Welt verhindern. Ich musste aber sehr gut auf Sandy aufpassen und durfte keine Sekunde meine Augen von ihr lassen. Obwohl Männer ohne Begleitung in viele Discos nicht reindurften, schafften sie es immer wieder an der Bar zu sitzen und Bier zu trinken oder wie die Verrückten allein zu tanzen. Ihr Ziel war immer das Gleiche: Frauen anmachen. Man musste mit einer neuen Eroberung vor allen Angst haben: vom Türsteher bis zum Barmann. Ich hatte sogar vor Aschenbechern und Flaschen Angst; ich durfte meine Augen auf gar keinen Fall von meiner neuen Freundin lassen und schon gar nicht zuviel Alkohol trinken. Dann hatte ich vielleicht die Chance mit ihr nach Hause zu gehen und sie am nächsten Tag wieder zu sehen. Wenn sie mich dann wieder sehen wollte, bedeutete das, dass sie ihre Hoteladresse und ihre Telefonnummer nicht weitergegeben hatte.

Für unseren ersten Discospaziergang hatte ich meine tollsten Klamotten aus dem Schrank geholt: Nike-Turnschuhe, eine schwarze Jeans und ein T-Shirt mit einem ganz großen LEE Schriftzug. Fast eine halbe Dose Haargel hatte ich gebraucht, bis meine Haare richtig saßen bzw. standen. Trotzdem war ich mit dem Ergebnis nicht richtig zufrieden aber ich musste los, weil wir uns um 23 Uhr vor ihrer Hoteltür verabredet hatten und es war 22.40.

Obwohl ich von meinem Zimmer bis zum Hotel nur fünf Minuten zu Fuß brauchte war große Pünktlichkeit angesagt. Erstens wusste ich, dass die Deutschen immer sehr pünktlich sind. Zweitens konnte ich vor lauter Nervosität sowieso nichts mehr machen und Drittens war zehn Minuten zu früh besser, als für immer zu spät. Die fünfminütige Strecke hatte ich mit klopfendem Herzen in drei Minuten zurückgelegt. Ich ging erst einmal an der Hoteltür vorbei. Sicher war sie schon da und würde sehnsüchtig auf mich warten. Sie war nicht da. Ich wurde ein wenig traurig, schaute auf die Uhr und dachte mir: ,Ganz ruhig, es ist noch viel Zeit.' Um die Aufmerksamkeit des Hotelpersonals nicht zu erregen, ging ich auf die andere Straßenseite und wartete dort die entscheidenden Minuten. Ab und zu fuhr ein Auto vorbei und dann sah ich ein älteres Pärchen, das langsam aus dem Hotel kam und in eine Hotellimousine stieg. Meine Blicke waren immer mehr auf meine Uhr und den Hoteleingang fixiert. Erst liefen die Minuten zu langsam, dann aber immer schneller.

Es war schon kurz nach 23 Uhr. Ich atmete tief durch und schaute in Richtung Meer, was sollte ich nun tun? Ich wollte noch ein wenig warten, ein paar Minuten oder ein halbe Stunde. Es konnte ja sein, dass sie noch etwas zu tun hatte, oder ihr Sohn noch nicht schlief, oder, oder. Da sah ich jemanden von innen auf die Hoteltür zukommen. Es war aber ein Mann und er bog ab zur Hotelbar. Jeder Schatten sah jetzt wie ein Mensch aus und jede Bewegung der Bäume warf Schatten, die wie eine Frau aussahen. Die Minuten vergingen zäh wie Kaugummi. Wieder kamen zwei Personen auf den Hoteleingang zu. Als sie näher kamen sah ich, dass es zwei Frauen waren. Ich wollte meinen Augen nicht trauen, es waren Sandy und ihre Mutter. Warum brachte sie ihre Mutter mit und wo war ihr Sohn? Ich ging über die Straße, nein ich rannte. Gott sei dank war kein Auto auf der ziemlich dunklen Straße, es hätte mich glatt überfahren. Ich hatte die Verspätung sofort vergessen, sie war endlich da! Ich gab beiden die Hand und wartete auf eine Reaktion. Die Mutter sah zuerst mich an und dann ihre Tochter. Dann lächelte sie: »Mit ihm gehst du also aus?« Zu mir gewandt sagte sie: »Du bringst sie wieder hierher zurück, ok?« Ich konnte vor lauter Aufregung nur nicken.

Erst als sie wieder im Hotel verschwunden war, betrachtete ich mir genau die wundeschöne junge Dame neben mir. Sie hatte sich ganz toll zurechtgemacht. Ich drückte sie ganz fest an mich küsste sie auf beide Wangen und fragte schüchtern: »Jetzt zusammen gehen Disco, ja?« Sie strahlte mich aus großen Augen an: »Ja, können wir machen.« Die Disco war gleich um die Ecke und wir kamen problemlos rein. Sandy tanzte wohl nicht ganz so oft und ganz so gern wie ich, aber die Disco gefiel ihr gut. So hatten wir in ihrem Urlaub häufig Discoabende verbracht und viel Spaß miteinander gehabt.

Endlich in Deutschland wollte ich natürlich unbedingt tanzen gehen. Ich war mir sicher, dass die Discos hier noch viel schöner und größer waren und überall eine tolle Stimmung herrschen würde. Ich musste an meinen Freund Kadir denken, der ständig von seinen tollen Nächten in deutschen Tanzlokalen schwärmte. Er war immer in der Mitte der Tanzfläche gewesen, jede Frau wollte mit ihm tanzen, viele zogen an seinem Hemd und alle Frauen schauten ihn verliebt an, so sagte er jedenfalls. So etwas wollte ich auch einmal erleben. Bestimmt hatte meine Freundin Angst davor, sie wollte nicht so gerne in Deutschland in eine Disco mit mir gehen, obwohl es ihr im Urlaub immer so gut gefallen hatte! Ich ließ aber nicht locker und schließlich gab sie nach. Ihre Mutter war gerne bereit, auf Phillip aufzupassen und es konnte losgehen.

»Wo wir fahren hin?« fragte ich sie als wir im Auto saßen. »Mal sehen, ich kenne mich mit diesen Dingen nicht so gut aus.« »Egal, bisschen gucken, bisschen tanzen, dann nach Hause.« Die Straßen waren schon ziemlich leer, man sah nur ab und zu mal ein Auto, meist mit jungen Leuten, die sich sicher auch auf eine schöne Nacht freuten. Wenige Minuten später hatten wir die andere Seite der Stadt erreicht. Auf einem sehr großen Parkplatz waren viele Autos und viele junge Leute standen lachend vor einem großem Gebäude. Da war also die Disco. Die Atmosphäre hier war mir vertrauter als alle anderen deutschen Lebenssituationen. Ich hatte die Deutschen immer im Hotel oder am Strand gesehen oder am Abend in Bars und Discos. Hier kamen mir alle vor wie die Touristen, die ich kannte und nicht wie die Menschen, die ich tagsüber gestresst durch die Straßen laufen sah oder die mit Arbeitsklamotten auf der Baustelle. Hier waren sie so wie ich sie von zuhause kannte: zufrieden, lachend, glücklich und gelassen. Am Eingang standen wir hinter einem Mann mit zwei Frauen. Der Türsteher sah mich skeptisch an, als er erkannte, dass ich eine Frau an meiner Seite hatte, ließ er uns rein. Drinnen war es tatsächlich so toll, wie mir meine Freunde, die schon in Deutschland gewesen waren, berichtet hatten. Eine große Bar, hinter der viele Leute arbeiten, eine große Tanzfläche viele kleine Tische mit Stühlen dran, die alle besetzt schienen. Ein Raum voller Touristen alle bunt und blond, mit tollen Klamotten, viele hübsche Frauen und große Männer mit starken Muskeln fielen mir ins Auge. Mir fiel wieder mein Kumpel ein und ich war mir sicher, dass die Frauen hier nur auf einen so tollen Typen wie mich gewartet hatten. Ich erinnerte mich daran, dass er sagte, alle Männer wären nach und nach von der Tanzfläche verschwunden und die Frauen hätten um ihn herum getanzt, verfolgt von den eifersüchtigen Blicken aller Männer.

Meine Freundin und ich gingen weiter und suchten einen Sitzplatz. Ich hätte gerne gleich getanzt, aber sie wollte gerne ein wenig warten und sich setzen. Die meisten Männer waren sehr viel größer und muskulöser als ich aber auf der Tanzfläche würden sie gegen mich nicht die geringste Chance haben. Ich war zur richtigen Zeit am richtigen Ort. Viele Frauen schienen mich anzusehen und nur darauf zu warten, mit einem Ausländer zu tanzen. So war es jedenfalls immer in meinem Touristenort gewesen.

Erstmal musste ich aber mit meiner Freundin an einem kleinen Tisch auf meinen großen Auftritt warten. Ich konnte es kaum erwarten, endlich auf die Tanzfläche zu kommen. Viele Männer und Frauen saßen an der Bar und tranken, die anderen mussten sich ihre Getränke alleine holen und ein paar Kellner räumten schnell die Gläser von den Tischen. Um die Zeit zu überbrücken fragte ich meine Freundin: »Was du trinken?« Sie überlegte ein bisschen und sagte: »Ich muss fahren, ich nehme eine Cola.« Ich wollte Whiskey-Cola und bahnte sofort meinen Weg zur Bar. Minuten später war ich mit zwei Gläsern in der Hand wieder in Richtung Tisch unterwegs. Ich musste aufpassen, nichts zu verschütten, meine Blicke waren fest auf die Tanzfläche geheftet. Viele Pärchen tanzten eng umschlungen, jedes hatte seinen eigenen Rhythmus. Einige Frauen bewegten sich alleine sehr aufregend zu der langsamen Musik.

Es gab für mich kein Halten mehr. Am Tisch angekommen sagte ich zu Sandy: »Jetzt gleich tanzen, ja?« Sie wollte nicht: »Nicht bei der Musik. Lass uns noch ein bisschen warten.« Mein Körper wollte tanzen und als eine neue Musik anfing und ich meinen Whiskey-Cola ausgetrunken hatte, startete ich wieder: »Jetzt tanzen?« Sie schüttelte wieder den Kopf. »Ich dann bisschen tanzen, du komm wann Lust hast.« Sie nickte mir zu und ich war ganz schnell durch die Menschenmengen auf der Tanzfläche angekommen. Ich wollte zeigen, was ich zu bieten hatte. Viele Leute standen rum, warten auf andere Musik, auf einen Partner oder wollten einfach nur zusehen. Ich gab alles, aber die Leute um mich herum schienen durch mich hindurch zu sehen. Jeder war einfach mit sich selbst beschäftigt. Als ich wieder am Tisch bei meiner Freundin war sagte ich mit rauher Stimme: »Ok, jetzt nach Hause fahren.«

Einfach blond

»Deine Haare sehr schön«, sagte ich zu meiner Freundin beim Frühstück. Sie lächelte mich glücklich an: »Danke, ich habe mich extra für dich schön gemacht. Gefällt dir das kurze Haar, mein Schatz?« Ich antwortete ohne nachzudenken: »Kurze nicht so gut aber blonde sehr gut.« Da verwandelte sich ihr Gesicht so schnell wie das Aprilwetter, sie sah plötzlich gekränkt aus. »Naja, etwas nachgeholfen habe ich schon. Ich habe zwar von Natur aus keine dunklen Haare aber ganz so blond sind sie auch nicht. Du kannst deine Haare ja auch mal blond färben lassen.« Dieser Scherz zaubert wieder ein Lächeln auf ihr Gesicht und sie sagte, ohne meine Antwort abzuwarten: »Das war natürlich nur ein Witz.« Ich hätte gerne mit ihr über ihre gute Idee geredet, aber die war ja leider nicht ernst gemeint.

Der Gedanke verfolgte mich aber den ganzen Vormittag. Dass blond eine sehr schöne exotische Haarfarbe war, wusste jeder, der bei uns im Tourismus arbeitete. Wenn wir die Auswahl zwischen einer blonden oder einer dunklen Touristin gehabt hätten, wäre unsere Wahl immer auf die Blonde gefallen, auch wenn die Dunkle sogar ein wenig hübscher war. Leider hatten wir nur sehr selten die Wahl. Hier in Deutschland waren sehr viele Frauen blond, am schönsten fand ich sie, wenn sie auch noch grüne oder blaue Augen hatten. Dazu noch eine sehr helle Haut, das war optimal. Ich fand aber nicht nur solche Frauen höchst attraktiv, ich hätte auch gerne selber so ausgesehen. Dann würde ich bestimmt sehr große Chancen bei den Frauen haben.

Also, obwohl der Satz meiner Freundin für sie nur ein einfacher Scherz war, fand ich die Idee einfach genial. In meiner Stadt konnte ich meine Haare nicht einfach blond färben, die Farbverwandlung hätte als sehr unmännlich gegolten. Mein Kumpels und Arbeitskollegen hätten mich sicher ausgelacht. Hier schien alles ganz anders zu sein und wenn ich hier die Haare färben lassen würde, wäre das für niemanden eine lustige Sache. Ich würde viel deutscher wirken, auch wenn die Augen- und Hautfarbe noch nicht ganz stimmten. Sicher würde man das auch bei meiner Rückkehr akzeptieren und die Touristen würden das bestimmt ganz toll finden und sofort Vertrauen zu mir bekommen. Das würden sie auch durch meine verbesserten Sprachkenntnisse. Ich wusste, dass ich gut deutsch sprach. Ich konnte auch englisch, aber lange nicht so gut wie deutsch. Jetzt, durch diesen Urlaub, wurde mein Deutsch von Tag zu Tag besser. Wenn früher jemand »Tachchen« gesagt hätte, war mir die Bedeutung unbekannt, nun wusste ich, dass es ,guten Tag' bedeutete. Jetzt konnte ich besser deutsch, kannte das Land und so war es doch nur natürlich, dass ich auch ein wenig deutscher aussehen wollte.

Ich wollte die Gelegenheit für blonde Haare nutzen, musste aber noch ein paar Dinge wissen. Ich fand meine Freundin auf dem Balkon, wo sie Wäsche aufhing. »Blonde Farbe, wieviel bezahlen?« Sandy blieb mit der schwarzen Hose in der Hand stehen, sah mich verständnislos an und fing dann an zu lachen: »Was? Das kostet schon ein bisschen. Möchtest du vielleicht auch noch ein paar Strähnchen haben?« Ich sagte sofort nein. Zwar wusste ich was Tränen und Tränchen waren, aber Strähnchen kannte ich nicht. Sogar lange Haare konnte man sich ankleben lassen hatte ich gehört, aber was waren Strähnchen? Ich musste wohl ein wenig weiter nachbohren. »Welche Frisur gut?« Sie hängte wieder Wäsche auf die Leine und tat so, als ob sie mich gar nicht höre. Ich musste sie also überzeugen. Ich hielt eine lange Rede darüber, wie gut ich aussehen würde, wie gut ich in der rent-a-car Firma Autos und Motorräder vermieten würde, wie sehr sich mein Chef darüber freuen würde…

Sie hörte mir jetzt mit einem Lächeln im Gesicht lange zu, schüttelte dann langsam den Kopf und sagte: »Ich würde das nicht machen.« Das konnte ich nun gar nicht verstehen. Sie sagte mir, dass sie so etwas nicht machen würde, obwohl ich genau wusste, dass ihre Haare gefärbt waren. Ich war mir sicher, dass in diesem Moment, wo wir mit dieser Diskussion unsere Zeit verschwendeten, tausende Menschen ihre Haare färben ließen. Wieso durfte ich es nicht machen und wieso sagte Sandy, dass sie es nicht machen würde? Ich wollte nicht weiter diskutieren, machte ein entschlossenes Gesicht und sagte: »Ich probieren.«

Sandy sah mich an, das Lächeln war aus ihrem Gesicht verschwunden und sie sagte ziemlich ernst: »Wenn du deine kurzen lockigen Haare blond oder blau färben möchtest, möchte ich aber bitte nicht dabei sein. Außerdem hast du sicher vergessen, dass wir heute Abend bei meiner Freundin Heike eingeladen sind. Mit einem blonden Mann gehe ich da nicht hin.« Ich hatte nicht alles verstanden, was sie gesagt hatte. Das kam häufig vor wenn sie so lange Sätze ohne Pause machte. Immerhin hatte ich verstanden, dass das Färbeprojekt ohne die Anwesenheit meiner Freundin stattfinden sollte, also sagte ich: »Ok, kein Problem. Ich alleine gehen.«

Sie war endlich mit der Wäsche fertig, setzte sich zu mir auf die Couch und sagte mit traurigem Gesicht: »Wenn ich zum Einkaufen fahre, nehme ich dich mit und dann hole ich dich wieder vom Friseur ab.« Auf der Fahrt sah ich so viele schöne blonde Männer, dass ich die letzten Zweifel verlor. Ich wollte mich nicht beklagen, dass Gott uns Menschen mit so vielen Unterschieden geschaffen hatte, ich wollte mich nicht mit der Evolutionsgeschichte befassen, trotzdem störte es mich ein wenig, dass manche Leute von der Natur bevorzugt zu sein schienen. Manche waren schwarz, manche dunkel wie ich, aber die hellen waren für mich doch die Schönsten.

Plötzlich musste ich an eine Geschichte aus meiner Kindheit denken. Ich sah unseren ersten Fernseher vor mir, einen schicken Kasten aus Nussbaumholz, der über viele Jahre Filme und Fernsehserien in schwarzweiß ausstrahlte. Alle Leute sahen, abgesehen von ein paar Schattierungen, ähnlich aus. Dieser Fernseher war der ganze Stolz von uns Kindern, aber später, als viele Nachbarn schon Farbfernseher besaßen, war uns unser schwarz-weißer Zauberkasten sehr peinlich. Die Erinne rung zauberte automatisch ein Lächeln auf mein Gesicht, ich wollte jetzt aber nicht über Kindheitserinnerungen nachdenken.

Meine Freundin holte mich in die Gegenwart zurück, sie wollte noch etwas mit mir besprechen. »Ich brauche nicht viel Zeit zum Einkaufen, nur ein paar Kleinigkeiten. Wenn du fertig mit deiner Haaroperation bist, bleibst du da sitzen und ich hole dich dann später ab.« Ich wäre ihr mit meiner neuen Haarfarbe und meinem neuen Haarschnitt lieber erst zu Hause begegnet. Aber der Weg war zu Fuß sehr weit und ich kannte ihn von hier aus nicht. Ich hätte wieder wie ein Kind, das seine Mutter verloren hat, zwanzigmal nach dem Weg fragen müssen und das wollte ich nicht. Also nahm ich ihr Angebot an.

Sie hielt kurz vor dem Friseursalon an sagte »Tschüß bis denne« und war verschwunden. Was meinte sie nun wieder damit? Egal, ich war im Urlaub und bei keiner Sprachkenntnisprüfung. Ich wusste, dass mein deutsch prima war, vielleicht war das nur wieder so ein Dialekt.

Am liebsten hätte ich den Laden nicht gleich betreten, sondern wäre noch ein wenig spazieren gegangen, aber die Zeit drängte. Sandy würde bestimmt bald wiederkommen und außerdem hatten wir am Abend noch eine Verabredung. Ich steckte meine Hand in die Jackentasche und war erfreut, dass mein Portmonee noch da war. Ich öffnete es und zählte noch mal mein Geld, es war noch alles da. Mit vier Zwanzig-Euroscheinen betrat ich endlich den Laden. Wie draußen im Schaufenster waren auch hier drinnen hauptsächlich Fotos von schönen Frauen, aber auch einige Männer waren darunter. Was mich aber wirklich wunderte war, dass viele auf diesen Fotos dunkle Haare hatten. Aber es gab auch ganz viele fröhliche bunte Farben. Wenn ich im Malunterricht eine Frau mit blauen Haaren gemalt hätte, hätte ich dafür einen Tadel der Lehrerin bekommen, hier gab es so was tatsächlich. Rot, grün, blau, es war wirklich alles möglich.

Über meinem Kopf klingelte eine Glocke und eine hübsche junge Frau kam auf mich zu und begrüßte mich sehr freundlich: »Guten Tag, was kann ich für Sie tun?« Ich grüßte freundlich zurück: »Tachchen« und sah mich nach einem Sitzplatz um. Die junge Frau folgte mir mit einem ernsten Gesicht und fragte nochmals: »Was können wir für Sie tun?« Erst jetzt sah ich sie mir genau an, was für eine tolle Frisur! Oben waren die Haare blond und von der Mitte nach unten schwarz gefärbt. An beiden Seiten hatte sie je eine grüne Strähne, die wie grüne Oasen in einer goldgelben Wüste wirkten. Ich schaute sie immer noch fasziniert an, da kam schon eine zweite Friseurin und fragte nach meinen Wünschen. Die Menschen waren wirklich sehr freundlich!

Ich lächelte schüchtern und flüsterte: »Haare schneiden und färben bitte.« Die Frauen schauten sich an und die erste kicherte leise. Die andere sagte: »Nehmen Sie bitte Platz, wir sind gleich für Sie da.« Ich war durch das Kichern etwas verunsichert und nickte nur. Auf einem der vier nebeneinander stehenden Wartestühle hatte ich nun Zeit, mir den ganzen Salon genau zu betrachten. Es waren so viele Stühle und so viele Spiegel und so viele Frauen, die mit den Köpfen ihrer Kunden beschäftigt waren. Jede von Ihnen hatte eine Schürze an und war mit eigenen Utensilien ausgerüstet: mehrere Kämme und Scheren und eine Maschine. Damit brachten sie die Haare ihrer Kunden in ordentliche Form. Was mich sehr wunderte war, dass das Personal nur aus Frauen bestand. Bei uns arbeiteten in Herrensalons nur Männer.

Auf einmal begann mein Herz schneller zu schlagen und ich fand den Gedanken sehr aufregend, dass eine Frau meine Locken bearbeiten würde. Schlimm war aber, dass ich bewegungslos dasitzen musste und sie vielleicht meine Emotionen mitbekommen könnte. Wie peinlich! Am liebsten wäre ich sofort wieder gegangen und hätte die Haare später dort schneiden lassen, wo sie auch gewachsen waren. Eine junge Frau riss mich aus meinen Gedanken und ich ließ mich ohne Widerstand zu einem der Serviceplätze führen. Sie war sehr hübsch und lächelte mich an. Ich starb fast vor Angst, aber nun war es für die Flucht zu spät.

Mein Kopf wurde rückwärts über ein Waschbecken gelegt. Die Friseurin trug Handschuhe, tropfte Schampon auf meinen Kopf und begann zu waschen. Es war eigentlich kein Waschen, sondern eher eine Massage und ich merkte, wie etwas an mir steif wurde. Ich wollte ihr sagen, dass sie gar nicht waschen muss, ich hatte ja am Morgen gründlich geduscht. Schampon brannte in meinen Augen, ich traute nicht sie zuzumachen, sicher hätten dann alle hier angefangen zu lachen. Als ich wieder etwas sehen konnte, hatte ich das nächste Problem. Ich schaute genau auf den schönen Hals der jungen Frau, das machte mein Problem nicht kleiner. Also sah ich an ihr vorbei und konzentrierte mich auf die Decke. Als sie mit Waschen fertig war, war auch ich fix und fertig.

Es war mir so peinlich inmitten von so vielen Leuten massiert zu werden, aber irgendwie schien es keinen zu stören. Ich war richtig böse auf meine Freundin. Sie hätte mir sagen müssen, dass in Deutschland Herrensalons von weiblichem Personal erobert worden waren. Die Friseurin begann, meine Haare zu trocknen. Gleichzeitig waren mein Hals, meine Stimme, meine Gedanken und mein Gehirn eingetrocknet. Ich hörte ihre Stimme: »So, was machen wir nun mit Ihnen?« Ich hatte das Gefühl, eine Fischgräte verschluckt zu haben und konnte nur noch nicken. Sie sah mich eine Weile aus dem Spiegel verständnislos an und wiederholte dann ihre Frage. Ich nahm meine ganze Kraft zusammen und gab ihr eine Antwort.

In der ganzen Zeit, während sie mit meinen Haaren beschäftigt war, versuchte ich jeden Blickkontakt mit ihr zu vermeiden. Das konnte sonst peinlich werden. Als sie endlich fertig war, fühlte ich mich wieder wie ein freier Mann. Sie hielt einen zweiten Spiegel hinter meinen Kopf und fragte. »Gut so?« »Ja, ja, gut so.« Ich stand auf und sie begleitete mich wie ein Security-Dienst zur Kasse.

Nach dem Bezahlen mit gutem Trinkgeld setzte ich mich in die Wartezone und meine Friseurin verschwand irgendwo im Salon. Ich hasste es, zu warten und sah ständig aus dem Fenster, wo blieb meine Freundin nur? Nervös schaute ich auf die Uhr, jede Minute erschien mir zu lang; endlich sah ich sie zu Fuß kommen. Sie sollte auf keinen Fall reinkommen und mich wie ein kleines Kind abholen, also lief ich sofort raus. Erst schaute sie sehr skeptisch, dann sagte sie sehr freundlich: »Sieht gut aus mein Schatz, so ist es schön.« Ich hatte nichts anderes erwartet und bedankte mich halbherzig. Ich war mir ganz sicher, dass ich irgendwann einmal den Mut haben würde, meine Haare blond färben zu lassen!

Photograph

Es gab so viele schöne Momente, die ich in Deutschland erlebt hatte. Sicher, es gab auch ab und zu kleine Missverständnisse, die konnte man aber einfach übersehen. Meine Freundin war so oft wie möglich für mich da, hatte mir die Stadt und die Umgebung gezeigt und damit dazu beigetragen, dass ich mich wirklich wie im Urlaub fühlte.

Manchmal freute ich mich aber auf die Herausforderung, alleine etwas zu unternehmen. All die vielen Ereignisse wollte ich in meinem Gedächtnis speichern. Am Abend, wenn Phillip im Bett war und ich mit Sandy auf der Couch saß und fern sah, dachte ich noch einmal über den Tag nach. Es gab so vieles, was ich meinen Freunden und meiner Familie erzählen wollte. Einige peinliche Dinge, die mir passiert waren, würden allerdings nie über meine Lippen kommen.

Meine Kollegen und Freunde auf der Insel wussten, dass ich meinen Urlaub in Deutschland verbrachte. In meiner Heimatstadt waren nur meine Eltern informiert. Die Bekannten dort wussten, dass ich im Tourismus arbeitete und mich mit allen Fremdsprachen auskannte. Die würden über meine Berichte vielleicht staunen! Vielleicht würden sie mir aber auch nicht glauben und denken, dass ich spinne. Aus diesem Grund und um meine Erinnerungen für alle Ewigkeit zu speichern, brauchte ich ungedingt einen Fotoapparat.

Nun, einen Fotoapparat hatte ich, aber ich brauchte einen vernünftigen. Einen guten Fotoapparat zu kaufen war für mich immer ein Glücksspiel gewesen. Manchmal hatte ich sehr viel Geld bezahlt und dann mit Leidenschaft fotografiert. Das Ergebnis war meistens enttäuschend. Bei meiner aktuellen Kamera verhielt es sich anders. Sie war billig gewesen und die Fotos, die sie machte, waren katastrophal.

Ein Freund von mir wollte mir für den Urlaub die Digitalkamera seiner Schwester borgen, aber das hatte irgendwie nicht geklappt. Er hatte gesagt, es wäre überhaupt kein Problem und vertröstet mich von Tag zu Tag. Einen Tag vor meinem Abflug entschuldigte er sich und sagte, dass es leider nichts werden würde. Natürlich war ich enttäuscht und beleidigt und verabschiedete mich nicht von ihm.

Ich kramte meinen alten, treuen Fotoapparat vor und wollte ihm ein letztes Mal die Gelegenheit geben, mich nicht zu enttäuschen und meine schönen Momente in Deutschland unsterblich zumachen. Hier traute ich mich nicht, meinen treuen Freund zu benutzen. Alle Menschen, die ich sah, hatten tolle Digitalkameras und mein altes Schätzchen war ein Inbegriff der Armut.

Dann sah ich sie zum ersten Mal, die Digitalkamera meiner Freundin. »Was?« sagte ich zu ihr »Hundertachtundzwanzig Bilder?« »Ja, man kann auch sagen 128 MB. Du kannst die Bilder, die dir nicht gefallen, sofort wieder löschen, die Bilder bearbeiten und sie auf CD brennen.

Kennst du das nicht?« Ich hatte keine Ahnung. »Na klar, alles verstehen. Für mich digital nix gut.« »Ach so« sagte meine Freundin »und ich dachte, du wolltest die Kamera vielleicht gerne haben.«

Was meinte sie mit ‚sie haben'? Wollte sie mir das gute Stück schenken oder zum Fotografieren geben? Im ersten Fall hätte ich sofort ja gesagt und auch im zweiten Fall hatte ich nicht nein gesagt. Ich fragte vorsichtig und ziemlich schüchtern »Was haben?« Ich versuchte immer, durch eine neutrale Frage oder durch die Wiederholung ihrer Sätze in Frageform besser zu verstehen, was sie meinte oder weitere Erklärungen zu bekommen. Meine Freundin sagte nur »Mach erstmal ein paar Bilder, dann sehen wir weiter.«

Ich fühlte mich sofort wie ein Halbbesitzer und begann meine Experimente. Ich hielt den Apparat nach unten und sah im Display meine Beine von den Knien bis zu den Zehen. Ein paar Sekunden später verschwand das Bild. Nun waren die Wand und die Hälfte der Tür zu sehen.

Mein Gott, ich hatte das erste Bild versaut. Ich rief nach meiner Freundin und sagte verschämt zu ihr »Ich glauben ein Bild kaputt.« Sie kam, kniff die Augen zusammen, sah durch das Display und fragte«Wieso kaputt?« Dann drückte sie ein paar Knöpfe und sagte lächelnd »Das kann man einfach löschen, cancel, ok? Außerdem, wenn du dich fotografieren möchtest, kannst du den Selbstauslöser benutzen oder ich tue es für dich.« Sie gab mir die Kamera zurück und ging wieder. Als sie an der Tür war rief ich, sie drehte sich um und ich machte mein zweites Foto. Sandy schüttelte den Kopf und ging lächelnd aus dem Zimmer. Mein nächstes Motiv war noch interessanter: Phillip, halbwach mit zerzaustem Haar. Als er merkte, dass ich ihn fotografierte, knurrte er wie ein Löwenbaby.

Nach kurzer Zeit kam ich sehr gut mit der Maschine klar und machte weitere Bilder von Sandy und Phillip. Sie schenkten mir und meinem neuen Hobby aber keine Aufmerksamkeit mehr. Wenn meine Freundin mir die Kamera in diesem Moment als Geschenk angeboten hätte, hätte ich nicht abgelehnt. Danach sah es aber nicht aus.

Egal ob Geschenk oder Leihgabe, ich hatte ein neues Hobby und brauchte dringend interessante Motive. Als ich kurz nachdachte, wusste ich sofort, dass es daran in Deutschland keinen Mangel gab. Ich konnte alles Mögliche fotografieren und über Herkunft und Geschichte der Bilder zuhause lange Geschichten erzählen. Leider hatte ich keine 1000 MB sondern nur 128. Was mir gerade noch so viel erschien, war plötzlich viel zu wenig. Also musste ich doch wählen und nur das Beste vom Besten auswählen, auch wenn es die Möglichkeit des Löschens gab. Also fing ich gleich zu Löschen an. Alles bisher waren Probefotos, nun sollten die Profifotos folgen.

Für meine Leute zuhause mussten es Superfotos werden. Die meisten von ihnen würden nie nach Deutschland reisen können. Sie interessierten sich aber sehr für Europa und wollten genau wissen, wie es dort aussieht und wie die Leute dort lebten. In europäischen Filmen sahen wir immer nur Hochhäuser, schicke Autos, Kneipen und Bars, smarte Männer in Anzügen und bildhübsche Frauen. Obwohl ich hier auch Männer in Arbeitsklamotten und hässliche Frauen gesehen hatte, wollte ich zuhause das erwartete Bild vermitteln. Ich musste nur das Haus verlassen und schon waren die interessanten Motive da.

Am nächsten Morgen hatte ich sofort nach dem Frühstück die Kamera wieder in der Hand. Meine Freundin lächelte über meine Begeisterung und gab mir weitere Tips. Sie zeigte mir ein kleines grünes Lämpchen auf der linken Seite des Displays und sagte »Wenn dieses Lämpchen rot leuchtet bedeutet das, dass der Akku leer ist. Er muss dann neu geladen werden.« Dann gab sie mir ein Ladegerät. Ich nahm es drehte es ein paar Mal in meiner Hand und fragte »Wenn diese hier rot, Fotoapparat elektrik rein?«

Sie lächelte wieder und nahm das Ladegerät »Wenn es soweit ist mache ich es, kein Problem. Mach du nur deine Bilder.« Ich wollte gleich rausgehen und Fotos machen. »Gut, ich bisschen spazieren.« Sandy lachte »Spazieren oder fotografieren?« Ich musste auch lachen, zog meine Klamotten an und nahm den wertvollen kleinen Kasten. Halt, erst noch einmal auf das kleine grüne Batteriezeichen geschaut, sicher war sicher. Es war noch grün und ich machte die Kamera wieder aus.

Minuten später war ich auf einer deutschen Straße, die ich nun als Fotograf ganz anders sah, als noch am Tag zuvor. Ich musste meinen geschulten Blick auf die Dinge richten, die meine Leute zuhause interessierten. Zum Beispiel die Straßen waren sauberer und breiter und in der Mitte und an den Seiten weiß gestrichen. Oder noch schöner die Autos; ich musste viele schöne, große, bunte Autos fotografieren, das sollten meine Leute sehen. Die kleinen hässlichen Autos mit zwei Türen, von denen ich so schockiert war, sollten auf meinen Fotos keinen Platz finden.

Meine ersten Motive an diesem Tag waren also schöne Straßen auf denen schöne Autos fuhren. Ich traute mich nicht zu nah an die Autos ran, weil ich nicht wollte, dass ein Auto hielt und der Fahrer mit mir schimpfte. Aber niemand interessierte sich für einen dunkelhäutigen, sprachbegabten Touristen mit einem tollen Fotoapparat.

Ich brauchte auch dringend Bilder von den tollen deutschen LKW. Wenn der Nachbar meiner Eltern die sehen würde, würde er bestimmt k.o. gehen. Dachte er doch, dass sein kleiner klappriger Transporter, mit dem er seine Familie ernährte, ein richtiger LKW war. Er hatte immer so schrecklich damit angegeben, das würde bestimmt vorbei sein, nachdem er meine Fotos gesehen hätte.

Meine Mutter wollte ich mit Aufnahmen von Kaufhäusern und Möbelhäusern begeistern. Menschen mit vollen Einkaufstüten würden ihr auch sehr gut gefallen. Für meine Schwester wollte ich Bilder von jungen Mädchen in ihrem Alter machen, damit sie sich von der tollen Mode ein Bild machen könnte. Junge Frauen, alle ohne Kopftuch. Diese Motive gab es ja hier in Hülle und Fülle.

Meinen Vater interessierten eher anderen Dinge. Er würde wissen wollen, wie viele verschiedene Sorten Bier und Schnaps es in Deutschland gibt. Das war eine Frage, die auch mich inzwischen beschäftigte. Meine Freundin konnte meinen Wissensdurst allerdings kaum befriedigen. »Das kann ich dir wirklich nicht genau sagen. Einfach sehr viel.« Ich würde Fotos von Schnaps- und Bierflaschen machen, obwohl ich wusste, dass sich mein Vater über jeweilige Proben mehr freuen würde.

Ich wusste nun also genau, was ich alles fotografieren musste. Hinzukommen sollten noch Bilder von schönen, großen, neuen Häusern. Alte verfallene Gebäude gab es auch bei uns reichlich. Ich hätte gerne jemanden gebeten, mich vor einem schönen Gebäude zu fotografieren aber ich war zu schüchtern zu fragen. Außerdem war ich mir nicht sicher, ob es vielleicht verboten war, sich ohne Genehmigung vor einem fremden Haus abbilden zu lassen.

Ich ging einfach weiter und fotografierte alles, was ich interessant fand, dann machte ich den Fotoapparat aus und suchte nach neuen Motiven. Ich kam an einem kleinen Park vorbei, in dem ich die Skulptur eines großen Mannes sah, der ein Buch in der Hand hielt und gen Himmel schaute.

Die Steinskulptur war alt und grau und obwohl ich keine blonden Haare oder grüne Augen erkennen konnte, war ich mir sicher, dass der Mann in seinen langen, wallenden Steinklamotten ein Europäer gewesen sein musste. Wahrscheinlich war er Wissenschaftler oder Philosoph gewesen.

Ich versuchte seinen Namen, der auf seinen Sockel gemeißelt worden war, zu lesen, der sagte mir aber nicht allzu viel. Mir gefiel aber seine aufrechte Haltung und so entschied ich mich, ein Bild von uns zu machen. Ich näherte mich dem Steinmann. Als ich neben ihm stand, reichte ich gerade bis zu seinen Waden, weil sein Sockel schon fast anderthalb Meter hoch war. Ich hätte lieber neben einem Mann gestanden der so groß war wie ich, oder wenigstens nicht auf so einem großen Sockel stand. Es war nicht so schlimm, das Motiv war trotzdem toll. Zur Not konnte ich das Foto ja auch wieder löschen.

Nun musste ich erst einmal jemanden finden, der bereit war, uns zu fotografieren. Ich schaute mich in dem kleinen Park um und entdeckte eine Frau. Ich ging einen Schritt auf sie zu, um sie um den Gefallen zu bitten. Sie sah mich fragend an, da schaute ich auf meine Uhr und ging in die andere Richtung. Ich hatte mich gar nicht darauf vorbereitet zu fragen, deshalb musste ich erst mal in meinem Kopf einen Satz formulieren und auf die nächste liebe Person warten, die vorbei kam. »Bitte zusammen eine Bild machen?« wollte ich fehlerfrei fragen, da kam ein älterer Mann mit grauen Haaren vorbei.

Er sah mich so komisch an, dass ich wusste, irgend etwas musste nicht stimmen.

Warum machte ich überhaupt solche Dinge? Warum ging ich nicht mit meiner Freundin spazieren und ließ sie Fotos machen? Mein Entdeckerdrang trieb mich immer wieder in irgendwelche Schwierigkeiten! Der Mann blieb lächelnd stehen und fragte mich »Kann ich etwas für Sie tun?« Ich drückte ihm den Fotoapparat in die Hand und sagte freundlich »Danke. Bitte machen Bild.« Er nahm die Kamera und sagte lächelnd »Ach so.« Bevor sein lang gezogenes ‚ach soo' zu Ende war, stand ich schon vor der Statue. Dann knipste er ein paarmal ohne ‚cheese' zu sagen. Als ich zu ihm zurückkam, fragte ich ihn »Wer diese Mann?« Er sah mich an, überlegte kurz, hob seine Arme, ließ sie wieder fallen und sagte »Ach.« Dann gab er mir den Fotoapparat zurück und ging weiter.

Ich dachte nach. Viele deutsche Namen klangen für mich lustig, aber dass jemand ‚Ach' heißen konnte hätte ich mir nicht gedacht. Auf dem Sockel stand ja auch ein anderer Name, sicher war der Spitzname dieses Mannes ‚Ach'.

Viel wichtiger war aber für mich, wie ich auf dem Foto neben diesem Steinmann wirken würde, also schaute ich es mir im Display an. Auf dem ersten Foto war ich komplett zu sehen; der Steinmann allerdings nur bis zum Knie. Auf dem nächsten Bild war ‚Ach' komplett zu sehen und über ihm der Himmel. Von mir war allerdings nur der Kopf zu sehen. Erst mal war ich ärgerlich. Dann freute ich mich aber darüber, dass es noch Leute gab, die so hilfsbereit waren und dass es Leute gab, die weniger Ahnung vom fotografieren hatten als ich. Vielleicht konnte der alte Mann auch einfach nicht so gut sehen. Ich seufzte tief, packte die Kamera in meine Jackentasche und machte mich auf den Weg zu neuen Jagdzielen.

Ich ging immer weiter und fotografierte interessante Motive. Eine alte Frau auf einem Fahrrad und eine junge. Leider konnte man ihre schönen Stöckelschuhe auf dem Foto nicht erkennen. Was ich auch unbedingt noch fotografieren musste, war eine Mutter mit Kind auf einem Rad. Das war einfach lustig; ein Kind hinten in einem Sitz mit einem Schutzhelm auf dem Kopf, im Chaosverkehr einer Großstadt. So etwas hatte ich vorher noch nie gesehen. Leider war an diesem Tag so ein Bild nicht zu entdecken. Auch ein Bild von einem Motorradfahrer war nicht wahrscheinlich, das Wetter war zu schlecht. Die Sonne schien nur halbherzig über der Stadt, kein Wetter zum Motorrad fahren.

Ich dachte über Motorräder nach. Wenn ich einmal in Deutschland leben sollte, würde ich mir eine tolle BMW kaufen, wenn ich denn einen deutschen Führerschein haben würde. Mit Helm zu fahren, konnte ich mir aber nicht vorstellen, das machte bei uns ja auch keiner.

In meinem Job in der Auto- und Motorradvermietung fuhr ich alle Maschinen ohne Helm, das war kein Problem. Ich hatte auch nur einmal Strafe bezahlt, weil ich keinen Führerschein besaß. Bei uns fuhr mein einfach mit T-Shirt, kurzen Hosen und Latschen und genoss den Fahrwind in der Hitze.

Mein Spaziergang führte mich in einen Park, der etwas tiefer als die Straße lag. Er war sehr schön, mit vielen alten Bäumen und einer grünen Wiese, viele Leute waren dort, einige mit Hunden, einige saßen auf Bänken, trotz des kühlen Wetters. Obwohl es hier sehr schön war, brauchte man keinen Eintritt zu bezahlen. Hier hatte ich bestimmt keine unangenehmen Überraschungen zu erwarten.

Meine Anwesenheit hier hatte keinerlei Interesse erweckt, ich fühlte mich richtig gut. Da entdeckte ich ein tolles Motiv für meine Fotoserie. Einen großen Brunnen, der mit ganzer Kraft in der Mitte viel Wasser in die Luft spritzte. Aus vielen verschiedenen Rohren, die in unterschiedlichen Größen in dem sehr großen Becken lagen, flog Wasser in alle Himmelsrichtungen. Manchmal mit viel Kraft, dann schwächer und dann wieder stärker, als ob der Brunnen demonstrieren wollte, wie schön und kräftig er ist. Als durch das Sonnenlicht über dem Brunnen ein kleiner Regenbogen entstand, war ich mir sicher, dass hier eines meiner schönsten Fotos entstehen würde. Ich zog meine Kamera aus der Jackentasche und fotografierte dieses wunderschöne Motiv.

Das Ergebnis war beeindruckend. Ich brauchte dringend noch mehr Fotos. Auf der anderen Seite des Brunnens saßen ein paar Leute. Da musste ich hin. Ich wollte jemanden bitten, mich vor dem Brunnen zu fotografieren. Mein Blick fiel auf zwei ältere Frauen und einen Mann, die einen kleinen weißen Hund bei sich hatten. Ich hoffte sehr, dass sie mehr Ahnung vom fotografieren hatten, als der nette alte Mann bei der Statue.

Ich würde sie gleich fragen, aber vorher wollte ich noch ein Bild von dem Brunnen machen. Da sprang der Mann auf und schrie »Wage es nicht, ein Bild von uns zu machen.« Ich war schockiert und hörte mich nur sagen »Ich du nicht fotografieren.« Da sprang der Mann auf und zog den armen kleinen Hund hinter sich her und schrie noch lauter mit rauer Stimme »Das ist mein Hund, du darfst ihn nicht fotografieren.« Ich war schockiert und böse und wurde nun auch lauter. »Ich Wasser fotografieren, verstehen du?«

Nun richteten viele Leute ihren Blick auf uns. Der Mann wirkte, als ob jemand Öl in Wunden gegossen hätte und rastete nun völlig aus. »Was willst du in unserem Land. Weg mit dir, weg, weg.« Der Mann stand da, zitterte und schrie. Ich stand da und sah ihn an. Zuhause hätte ich nun meine Rechnung mit ihm beglichen. Was sollte ich hier tun? Alle Leute die ich ansah, blickten sofort zur anderen Seite. Ich ging ein paar Schritte auf ihn zu, fotografierte noch einmal den Brunnen, blass im Gesicht und schweißüberströmt. Als ich den Park verließ, hörte ich ihn immer noch schimpfen.

Radler

»Radler bitte« antwortete meine Freundin auf die Frage der schwarzhaarigen Kellnerin des griechischen Restaurants. Dann wandte sich Sandy an Phillip. »Sag mal was du trinken möchtest.« Er antwortet ziemlich frech »Einen Apfelsaft mit Strohhalm.« Seine Mutter guckte ihn scharf an, »Es heißt ‚bitte‘, Phillip« und er antwortete sehr leise »Bitte.« Ich musste darüber lachen und als ich sah, dass die Kellnerin auf meine Bestellung wartete, sagte ich stolz »Ein Bier, eine Bier, deutsche Bier, bitte.«

Sie lächelte, schrieb die Bestellung auf einen Zettel und ging zur Theke. Als sie die Getränke verteilt hatte, wartete sie auf die Essensbestellung und ich sah mir über meine Speisekarte hinweg das Glas meiner Freundin näher an. Sandy sagte »Wir schauen erst noch.« Das hatte die Kellnerin wohl nicht erwartet, sie dachte wohl, dass wir schon zuhause gewusst haben, was wir essen möchten. Sie ging ohne ein Wort zu sagen. Für mich war die Speisekarte eine Herausforderung.

   Das Glas, das meine Freundin bekommen hatte, sah ganz schön aus. Es war ein großer Vogel drauf, der auf dem Ast eines Baumes saß. Mein Glas sah genauso aus und beide waren gefüllt mit einer gelben Flüssigkeit, deren Geschmack ich längst kannte und zwar, seitdem ich meine Stadt verlassen hatte und im Tourismus arbeitete. Dort gab es die leckere Flüssigkeit in grünen Flaschen. Wenn wir nun die gleiche Flüssigkeit im Glas hatten, wieso hatte meine Freundin dann nicht auch ,eine deutsche Bier' bestellt?

Da ich meine Fragen nie länger im Mund behalten konnte als andere Leute eine Flasche Öl im Magen, fragte ich sie neugierig »Was du da trinken?« Sie hatte ihren Blick immer noch auf die Speisekarte geheftet und antwortete »Ich muss ja fahren, oder bringst du uns nach Hause? Ich glaube, dann müssen alle Autos zur Seite fahren bis du vorbei bist.« Ich wusste nicht, was sie damit meinte. Ich wäre gefahren, kein Problem. Ihr Spaß war gar nicht lustig. »Du aber auch Bier trinken, warum Autos nicht Seite fahren?«

Jetzt sah sie mich an und sagte »Ich trinke kein Bier, ich trinke Radler.« »Ach so keine Bier, was das ist Radler?« Sie musste laut antworten, weil Phillip gerade lauthals verkündete, dass er Nudeln wolle. »Radler ist eigentlich jemand der Fahrrad fährt. Als Getränk ist es Bier, gemischt mit Zitronenlimonade.« Ach so, dann trank sie ein verdünntes Bier und so konnte sie Auto fahren, ohne eine Karambolage zu verursachen oder dass alle Autos zur Seite fahren mussten, bis sie vorbeigefahren wäre.

Warum man mit Zitronenlimonade gemischtes Bier ,Radler' nannte, konnte ich überhaupt nicht nachvollziehen. Das Rätsel konnte ich aber nicht sofort lösen. Die Kellnerin schlich nun immer öfter an unserem Tisch vorbei und wartete offensichtlich auf unsere Bestellung. Ich wollte sie nicht länger enttäuschen. Ich konzentrierte mich wieder auf die Speisekarte und versuchte den Eindruck zu machen, als ob ich alles verstünde. Die Sache mit dem Getränk konnte warten, es würde mir bestimmt auch nicht schmecken. Meine Freundin bestellte eine Platte für zwei, mit Lamm und Rind und für Phillip die gewünschten Nudeln.

Während ich nun wieder über den Zusammenhang zwischen einem Getränk und einem Mann auf zwei Rädern nachdachte, kam mir eine tolle Idee: Ich wollte Rad fahren. In Deutschland Fahrrad fahren, wer konnte behaupten, dass das eine schlechte Idee war. Keiner meiner Kumpels, der mal in Deutschland war, hatte etwas vom Radfahren berichtet. OK, die Angeber hatten erzählt, dass sie große Autos gefahren hätten, viel schneller als die Deutschen selber, sie waren auch auf der Autobahn niemals überholt worden, aber von Fahrrädern war nie die Rede. Fahrrad fahren war etwas ganz anderes. Wenn ich mit dem Rad fahren müsste, zum Beispiel zur Arbeit, würde ich keinem davon erzählen. Aber einfach aus Lust und Laune durch die Gegend fahren, damit konnte ich zuhause gut angeben.

Als wir später am Abend mit vollen Bäuchen mit dem Auto nach Hause fuhren und die zwei Bier, die ich getrunken hatte, mir halfen ohne große Mühe perfekt deutsch zu sprechen, sagte ich zu meiner Freundin: »Ich fahren bisschen mit Fahrrad.« »Aber bestimmt nicht mehr heute. Du kannst es sowieso nicht.« »Morgen ich fahren bisschen.« »Wenn ich morgen Nachmittag von der Arbeit zurückkomme, gebe ich dir ein Fahrrad. Ist das ok?«

Das war eine gute Idee. Am nächsten Tag konnte ich länger schlafen, ein wenig fernsehen und vielleicht eine kurze runde zu Fuß spazieren gehen. Am Nachmittag würde ich dann die spannende Fahrradtour machen. »Ok, keine Problem« sagte ich und drückte mich tiefer in den Sitz.

Es war schon Nachmittag und ich hatte so gut wie gar nichts gemacht. Erst hatte ich so spät gefrühstückt, dass es gleichzeitig mein Mittagessen war, dann hatte ich mich mit lauter unwichtigen Sachen beschäftigt, bis meine Freundin kam.

Außerdem hatte ich nebenbei ferngesehen. Ich war immer noch erstaunt, wie viele Trickfilme jeden Tag liefen. Ich liebte Trickfilme, fand es aber irgendwie peinlich, das mit meinen achtundzwanzig Jahren zuzugeben. Erst wollte ich mich von Sandy dabei nicht erwischen lassen, dann sagte ich mir, dass es kein Problem sei, dabei würde ich schließlich auch deutsch lernen.

Meine Freundin sah die Dinge ganz anders. »Ja du lernst schon dadurch die Sprache, aber wenn du die anwendest, klingst du wie ein großes Kind. Willst du das?« Das fand ich natürlich nicht so lustig, trotzdem guckte ich heimlich weiter meine geliebten Filme. Mein Favorit war der ‚rosarote Panther'.

Als ich wusste, dass meine Freundin bald erscheinen würde, hörte ich genau auf alle Geräusche und als ich den Schlüssel in der Tür klicken hörte, wechselte ich den Sender und saß ganz cool auf dem Sofa. »Hallo Hase«

sagte ich. So nannten die Deutschen ihre Freundin, das hatte ich neu gelernt. Sie benutzen den Namen bestimmt gerne, weil sie so tierlieb sind und Hasen sind ja auch wirklich niedlich. Ich sagte also nun Hase zu ihr und sie nannte mich Schatz. Als ich endlich die Bedeutung von Schatz verstanden hatte, wusste ich, dass ich der wichtigste Gegenstand war, den sie besaß. Ich fühlte mich wie in einer wunderschönen kleinen Kiste, die Königin Sandy unter ihrem Arm trug.

Wie ich erwartet hatte, sagte sie lächelnd und sehr freundlich: »Hallo mein Schatz, was hast du heute so gemacht?« Ich hatte eigentlich gar nicht viel gemacht, genauer gesagt nichts. Ich gab mir Mühe, Sätze zu finden, um ihr meinen Tag ausführlich darzustellen. Sie verstand, dass ich mich gelangweilt hatte. Sie fand schnell zum Thema des vorigen Abends zurück. »Möchtest du jetzt wirklich Fahrrad fahren?«

Warum fragte sie auf einmal ‚wirklich', das machte mich irgendwie unsicher. Ich nickte aber heftig mit dem Kopf: »Na klar.« Das überzeugte sie: »Ok, das Fahrrad ist heile. Vielleicht muss man es aufpumpen, mal sehen.« Sie holte den Kellerschlüssel und wir gingen aus der Wohnung. Auf dem Weg in den Keller fiel mir etwas ein, was ich bisher außer Acht gelassen hatte. Mein Gott, was sollte ich machen, wenn genau das der Fall wäre, wovor ich Angst hatte? Mit jeder Kellerstufe wuchs mein Unbehagen. Meine Freundin hatte einen Sohn und der Sohn war noch klein und es konnte durchaus sein, dass sie auf ihr Fahrrad einen Kindersitz gebastelt hatte, wie alle anderen Mütter, die ich mit einem Kindersitz fahren sah.

Meine Freundin erzählte irgendetwas, als wir vor der Hauptkellertür standen. Ich hörte aber kaum zu, ich hatte zu große Angst, einem Rad mit Kindersitz zu begegnen! In diesem Falle musste ich irgendeine Ausrede finden und das Rad fahren auf unbestimmte Zeit verschieben. Es war unvorstellbar für mich, mit einem Fahrrad zu fahren, das einen komischen Kindersitz auf seinem Rücken trug.

Was hätten meine Leute davon gehalten? So etwas konnte man doch nicht erzählen! Es war schon höchste Stufe rot peinlich, wenn die Leute einen Ausländer mit einem leeren Kindersitz durch die Gegend radeln sahen. Vielleicht würden sie denken, dass ich ein Rad samt Kind und Kindersitz geklaut hätte.

Nun waren wir vor der Tür eines Raumes angelangt, in dem alle Räder des Hauses deponiert waren. Bevor Sandy aufschloss fragte ich hektisch: »Du dieses Kinderstuhl keine haben?« Sie steckte den Schlüssel ins Schlüsselloch und sagte: »Was? Kinderstuhl? Nein, ich schleppe meinen Sohn nicht auf dem Fahrrad durch die Gegend. Nur mit dem Auto, immer schön sicher.« Für diese Antwort hätte ich sie knutschen können, ein breites Lächeln trat auf mein Gesicht. Sandy sah das nicht, sie drehte den Schlüssel nach rechts und nachdem wir, ähnlich wie in einem Banktresor, noch einen Raum durchschritten und noch eine Tür aufschlossen, kamen endlich mehrere Fahrräder in Sicht, vom Steinzeitrad bis zum schönen neuen Mountainbike.

Am liebsten hätte ich das rote Mountainbike genommen und war gespannt, welches Rad ihr gehören würde. Es war ein grünes, das tatsächlich keinen Kindersitz hatte, welch ein Glück. Es störte mich auch überhaupt nicht, dass es total verstaubt und die Reifen fast platt waren. Das konnte man alles hinkriegen. Aber was war das für ein Korb, der vorne an den Lenker gebastelt worden war? Ein hässlicher schwarzer Einkaufkorb, wie konnte sie so etwas benutzen? Ich sah mir das Fahrrad genauer an, ,oh mein Gott'. Wenn ich auch nicht viel von dieser komischen Welt verstand, ich sah sofort, dass Sandy mir stolz ein Damenfahrrad anbot.

Ich wusste nicht was ich tun sollte und schaute verzweifelt meine Freundin an, die mir wortlos eine Luftpumpe in die Hand drückte. Sie gab mir die Schlüssel vom Rad und vom Keller und sagte: »Wenn du fertig bist, bring das Rad hoch. Schließ die beiden Türen ab und vergiss nicht, die Luftpumpe mitzunehmen. Ich bin oben.« Als sie die Tür hinter sich geschlossen hatte, stand ich mit der Luftpumpe in der Hand verzweifelt vor dem Damenfahrrad und ärgerte mich. Ich wusste nicht, ob es sich wirklich lohnte, Luft auf die Reifen zu pumpen. Weil ich aber nicht protestiert hatte, bedeutete das für Sandy, dass ich die Radtour machen wollte.

Warum machte ich mir meinen schönen Urlaub zur Hölle? Egal, nun würde ich schnell eine kurze Runde drehen, dann das Rad wieder sicher im Keller verschließen und mit meiner Freundin ins Kino gehen. Als ich das Fahrrad draußen vor dem Haus angeschlossen hatte, ging ich zurück in die Wohnung und sagte zu Sandy: »Ich bisschen fahren und bald zurück dann.« »Ja, kein Problem, fahre aber vorsichtig und nimm eine Mütze mit.« »Was mitnehmen?« Eine Mütze hatte ich nie gehabt, wenigstens nicht solange ich denken konnte. In diesem Moment kam sie mit einer gelben Strickmütze aus dem Schlafzimmer. Nein, dachte ich, jetzt nicht auch noch eine Frauenmütze. »Diese für Frauen, oder?« »Ach was, Männer oder Frauen jeder kann die anziehen. Es wird am Abend ziemlich kalt, nimm sie einfach mit!« Ich stopfte das gelbe Teil in meine Hosentasche, kontrollierte den Akku des Fotoapparates und zog meine Turnschuhe an.

Wenige Minuten später saß ich auf dem verstaubten Rad. Es war kurz vor fünf, tatsächlich ziemlich kühl und der Tag verschenkte sein Licht langsam an das Dunkel. Viele Radfahrer fuhren schon mit Licht, aber es waren auch Mutige wie ich unterwegs. Wahrscheinlich waren ihre Reflexe und Augen so gut wie meine, sodass sie ohne Licht fahren konnten.

Die Fahrradwege kannte ich inzwischen und ich wusste, dass rote Streifen für Fußgänger verboten und gefährlich waren, für Radfahrer aber total angesagt. Nach ein paar Minuten fing ich an zu frieren, also überwand ich meinen Stolz und zog die gelbe Mütze über Haare und Ohren. Vielleicht sah ich damit ja sogar ein wenig deutsch aus.

Das Fahren machte mir jetzt doch Spaß, trotz des merkwürdigen Fahrrades. Die Strecke, die ich schon ein paar

Mal zu Fuß gegangen war, schien jetzt viel kürzer zu
sein. Schon von Weitem sah ich eine grüne Ampel leuch-
ten. Wenn ich jetzt ordentlich in die Pedale treten würde,
käme ich bestimmt noch rüber, bevor das Licht auf Rot
wechselte. Ich gab alles, doch ein paar Meter vor dem
potentiellen Hindernis wurde es tatsächlich Rot. Ich trat
mit aller Kraft die Bremse und kam gerade noch rechtzeitig zum Stehen.

Neben mir standen ein älteres Ehepaar und ein einzel-
ner Mann. Der Ehemann sah mich an, als ob er etwas
Außerirdisches gesehen hätte und sagte: »Junger Mann,
Sie fahren auf der falschen Seite!« Er hatte erkannt, dass
ich ein junger Mann war und keine alte Frau mit Frauenmütze und Damenfahrrad. Das freute mich schon
sehr, aber was wollte er von mir? Ich sah ihn aus den
Augenwinkeln an. Er war nichts Besonderes. Nur ein
alter Mann, der mit seiner Frau spazieren ging. Weil ich
nicht reagierte, sagte er nochmals: »Hallo, Sie fahren in
die verkehrte Richtung!« Ich drehte mich zu ihm um
und schwieg weiter. Ich fuhr doch auf dem Radweg, was
war denn nun schon wieder verkehrt? »Sie müssen auf
der rechten Seite fahren, nicht auf dieser Seite.«
    Ach so, das meinte er. Vielleicht hatte er sogar Recht.
Ich ahnte, dass ich auf der anderen Seite fahren sollte. Ich
wollte aber am Ende dieser Straße nach links abbiegen.
Warum sollte ich erst auf die andere Seite und dann an
der nächsten Ampel wieder nach links fahren? Ich konnte
nicht einsehen, dass man daraus so ein Theater machte.
Als der Mann erneut auf mich einreden wollte sagte ich
einfach: »Ich fahren wo ich will. Verstehen du?«

Seine Frau und der andere Mann sahen mich überrascht an. Er aber machte plötzlich ein Gesicht, als ob eine Bombe in seinem Leib explodiert wäre. »Du bist Ausländer und fährst wo du möchtest? Ihr müsst unsere Gesetze respektieren, verstehst du mich? Du verstehst bestimmt gar nichts!« Nun war ich wütend geworden: »Ich alles verstehen. Warum du nicht andere Seite gehen?«

Meine unerwartete Antwort ließ seine Temperatur ansteigen. Er fing an zu schwitzen und gleichzeitig zu zittern. Er sagte nun Sätze, die entweder nicht hochdeutsch waren, oder die ich noch nicht gelernt hatte. Was er ein paar Mal wiederholte und ich verstand: »Ich bringe dich zur Polizei. Hast du verstanden?« Verstanden hatte ich ihn schon, aber ich hatte nicht vor, mit ihm zur Polizei zu gehen. Ich zog meine Mütze tief ins Gesicht und versuchte, Ruhe zu bewahren.

Da fiel mir plötzlich auf, dass die Ampel längst Grün war und der einzelne Mann bereits die andere Straßenseite erreicht hatte. Ich stieg auf mein Rad und fuhr los, ohne mich noch einmal nach dem Mann, der immer noch an der grünen Ampel stand, umzusehen.

Als ich ihn endlich nicht mehr schimpfen hören konnte, war ich froh, dass ich ,dank Fahrrad' so schnell entkommen war. Mir war klar, dass ich noch einiges über den deutschen Straßenverkehr lernen musste. Ich war noch lange kein normaler ,Radfahrer', geschweige denn, ein ,Radler'!

Zigarette

Früher dachte ich immer, dass alle Deutschen Sportler sind und darum so viele Preise bei internationalen Wettbewerben gewannen. Mir war auch völlig klar, dass sie alle nicht rauchen. Später als ich anfing im Tourismus zu arbeiten, sah ich aber viele Urlauber mit Zigarette. Meine Freunde, die schon in Deutschland gewesen waren, erzählten mir, dass sogar viele Deutsche rauchen.

Das bestätigte sich, als ich in Deutschland den Flughafen verließ. Ich war beruhigt, konnte ich doch in meinem Urlaub in aller Ruhe qualmen, ohne als Ausländer einen schlechten Eindruck zu hinterlassen. Rauchen schien hier voll angesagt zu sein.

Einen ersten Dämpfer bekam ich im Auto meiner Freundin. »Mein Auto ist ein Nichtraucherauto« hatte sie stolz gesagt. Das verstand ich wohl nicht, aber sie meinte es sehr ernst. Ich fand es nicht höflich, dass sie einem so weit gereisten Gast verbot, auf dem langen Weg zu ihrem Zuhause zu rauchen. Auf dem Weg vom Flughafen zum Auto hatte ich drei Zigaretten zunichte gemacht. Ich wusste nicht, ob ich es als Glück oder Pech betrachten sollte, dass ich mich in eine Frau verliebt hatte, die nicht rauchte. Früher war Sandy auch Raucherin gewesen, hatte aber einmal damit aufgehört und nie wieder angefangen. Ich hatte es mindestens schon zehnmal aufgegeben, allerdings ohne Erfolg.

Rauchen fand ich gar nicht schlimm. Ich war der Meinung, wenn man ab und zu Sport machte, konnte man die Gefahren des Rauchens damit neutralisieren. Ich trieb sogar viel Sport. Tischtennis war meine Leidenschaft und ich spielte auch immer noch Volleyball. Obwohl ich keine großen Preise gewonnen hatte, spielte ich ziemlich gut Tischtennis und das schon seit über fünfzehn Jahren. Ich hatte mit dreizehn damit angefangen und im gleichen Jahr meine erste Zigarette geraucht.

Mein Spielpartner, der zwei Jahre älter war als ich, und sein gesamtes Taschengeld für filterlose Zigaretten ausgab, hatte sie mir gegeben. Für mich stand also das Tischtennisspielen im engen Zusammenhang mit dem Rauchen.

Wenn ich auch nicht regelmäßig Tischtennis gespielt hatte, so hatte ich doch regelmäßig geraucht. Mein Schulfreund und Tischtennispartner Ali wurde später Tischler in einer anderen Stadt, hatte dann mit dem Spielen aufgehört, aber seine Gewohnheit zu rauchen hat er heute noch, nur mit dem Unterschied, dass er sie heute nicht mehr vor seinem Vater verbergen muss. Wenn dieser manchmal bei der Tischlerei seines Sohnes vorbeischaut, um ein bisschen Geld zu holen, schaut er großzügig über die Zigarette hinter dem Ohr seines Sohnes hinweg. Also mein Problem ab jetzt und bis zum Ende meines Urlaubs bestand darin, dass ich im Auto meiner Freundin und wahrscheinlich auch in ihrer Wohnung nicht rauchen durfte.

In meiner Wohnung war Qualm ein natürlicher Bestandteil der Luft und auch meine Möbel waren süchtig nach Nikotin. Bei einer Entwöhnung müsste nicht nur ich, sondern auch die gesamten Möbel mitmachen, daher zog ich den Gedanken gar nicht erst in Erwägung.

Hier würde mir meine Freundin bestimmt bald erklären, dass ihre Wohnung eine Nichtraucherwohnung sei. Was konnte ich tun? Vielleicht wäre es gar nicht so schlecht, meiner Freundin das Tischtennis spielen beizubringen.

Als ich später in ihrer Wohnung war, fand ich Trost auf dem kleinen Balkon mit den paar Quadratmetern frischer Luft. Ich war begeistert, dass meine Freundin mir nicht erklärte, dies sei ein Nichtraucherbalkon. Sie sagte nur, ich solle kurz warten, bis sie einen Aschenbecher besorgt hätte. Ich wusste nicht, wo sie ihn versteckt hielt, sie wohl auch nicht, solange Zeit brauchte sie, um ihn zu finden. Dann stand sie endlich mit dem hübschen blauen Keramikteil neben mir und übergab es mir feierlich.

Ich fragte erst gar nicht, warum zur Ausstattung einer Nichtraucherwohnung ein Aschenbecher gehörte. Vielleicht war es ein spezieller Balkonaschenbecher für Besucher. Möglich war in Deutschland alles und sicher gab es auch so etwas.

Als meine Freundin den Balkon verließ, um in die Küche zu gehen, hielt Phillip mit beiden Händen die Balkontür von innen zu und sah mich und den Aschenbecher mit seinen schönen großen Augen an. Als ich meine Zigarette zu Ende geraucht hatte, wollte er mich nicht mehr reinlassen. Die Idee, die Nacht auf dem Balkon zu verbringen, fand ich nicht so attraktiv. Es war ganz schön kalt. Zwischenzeitlich rauchte ich noch eine Zigarette und dachte darüber nach, wie ich den Kleinen bewegen könnte, mich doch wieder ins Wohnzimmer zu lassen. Er wollte aber nicht nachgeben.

Da drückte ich mein Gesicht ganz fest gegen die Glasscheibe. Als er meine platt gedrückte Nase und meine breit gedrückten Lippen sah, begann er ängstlich zu lachen, ließ die Tür los und verließ fluchtartig das Wohnzimmer. Außer der Tatsache, dass Phillip immer die Tür zuhielt, wenn ich auf dem Balkon meine Zigarette genießen wollte, ging es mir als Raucher gut.

Obwohl ich genügend Zigaretten mitgebracht hatte, zog es mich hier immer zu den Zigarettenautomaten. Man musste nur einige Münzen reinstecken und schon bekam man auf Knopfdruck die gewünschte Sorte. Das war einfach Wahnsinn. Es ging aber noch toller. Meine Freundin hatte mir erklärt, dass es auch Automaten gab, die auf eine so genannte Geldkarte reagierten. Das konnte sie nicht ernst meinen. Wie konnte eine gehirnlose, blinde Maschine wissen, welchen Betrag sie von einer Karte abbuchen sollte und wie konnte diese, wie eine Verkäuferin, die jahrelang gelernt hatte, die richtige Ware aushändigen?

Darüber hätte ich gerne mit Sandy diskutiert. Ich kannte aber ihre Neigung damit anzugeben, was in Deutschland alles möglich war und wie klug die Deutschen sind, also ließ ich es sein.

Eines Tages verlor ich wegen meiner Lust zu rauchen meine gute Laune. Es war ein wolkiger, deprimierender

Tag und meine Freundin hatte ihren Sohn längst in den Kindergarten gebracht. Wir hatten in aller Ruhe gefrühstückt und wir wollten ihren freien Tag nutzen. Sie wollte mir mehr von der Stadt zeigen, ich interessierte mich sehr für die historischen Gebäude. Meine Freunde hatten gesagt, dass ich unbedingt viel von der alten Architektur sehen müsste. Ich wollte sehr viele alte Schlösser, Kirchen, Stadtmauern und was es sonst noch so gab sehen. Anders als meine Kumpels wollte ich mir alle Daten und Ereignisse merken, die mit alten Gebäuden zu tun hatten; ich bin nun mal sehr viel gebildeter als sie.

Meine Freundin wollte mir also die Stadt zeigen und mir die Faszination des Mittelalters vor Augen führen, die diese Stadt so reichlich zu bieten hatte. An diesem trüben Tag wäre es mir aber viel lieber gewesen, in eine warme Schwimmhalle zu gehen, auf eine Gokart-Bahn oder in einen Zirkus.

Statt eines Schwertes, wie die Menschen im Mittelalter, bewaffnete ich mich mit einem Fotoapparat und einer Schachtel Zigaretten und sagte meiner Freundin, dass ich vor der Tür auf sie warten würde. »Ich noch schnell unten eine rauchen, ok?« Sie war im Bad und experimentierte mit ihren Augenbrauen: »Ist gut, nimm den Autoschlüssel mit, er liegt auf dem Tisch neben meiner Tasche.« Als ich die Wohnungstür schloss, hörte ich sie noch sagen: »Ich bin sofort fertig.«

Die Idee, mich sofort ins Auto zu setzen und alle Knöpfe zu drücken, machte mich richtig an. Sicher gab es auch die Möglichkeit, endlich mal den CD-Player richtig auszuprobieren. Wenn ich nun das Auto richtig kennen lernen würde, dürfte ich es vielleicht auch irgendwann fahren. Ich wartete schon lange auf dieses Angebot. Irgendwann musste ich ja mal fahren. Ich war so perfekt, dass ich keine Angst vor einem Unfall haben musste.

Mit diesen Gedanken ging ich die vier Treppen runter und wollte sofort zu unserem Auto, das eine Strasse entfernt auf dem Parkplatz stand. Eines war mir aber klar: Es war ein absolutes Tabu, mir dort eine Zigarette anzuzünden.

Als ich vor der Haustür war, drehte ich automatisch meinen Kopf zur linken Seite und sah dort, wie erwartet, unsere Nachbarin. Sie war eine kleine, dicke, alte Frau mit einer Gehbehinderung. Ich hatte einmal beobachtet, mit welcher Mühe sie die vier Stufen bis zu ihrer Wohnung bewältigt hatte. Sie stellte ihren Rollator immer eine Stufe höher und schleppte sich bis zu ihrer Wohnung. Ich hatte sie immer freundlich gegrüßt aber immer nur einen bösen Blick geerntet. Was hatte diese Frau nur gegen mich? Ich hatte es nett gemeint und sie war so unfreundlich! War ihr Sohn vielleicht der Exfreund meiner Freundin? Sandy hatte mir aber später erzählt, dass die Frau gar keine Kinder hat.

Dann kam mir der Gedanke, dass die alte Frau etwas gegen Ausländer haben könnte. Der Gedanke war mir sehr unangenehm, aber ich hatte keine Angst vor ihr. Mächtig beeindruckt war ich von ihrem Rollator. Solche Dinge gab es bei uns nicht. Entweder man konnte laufen oder nicht, als Hilfe gab es höchstens einen Krückstock. Unsere Nachbarin schloss ihre Gehhilfe immer am Treppengeländer an. In der Wohnung schien sie ohne Hilfsmittel klar zu kommen. Wenn der Rollator im Treppenhaus stand bedeutete das, dass sie zu Hause war, bzw. am Fenster stand.

Ich konnte gut verstehen, dass das Teil im Treppenhaus geparkt wurde. Ich konnte allerdings überhaupt nicht verstehen, warum es an die Kette gelegt werden musste. Ein gesunder Dieb konnte so etwas nicht gebrauchen und einer mit Gehbehinderung wäre nicht schnell genug und würde bestimmt schnell verhaftet werden.

Jetzt stand die Frau also wieder am Fenster. Sie war für mich wie ein Gemälde. Immer Kopf und Oberkörper aus dem Fenster und die Ellenbogen auf die Fensterbank gelegt. Manchmal änderte sich das Gemälde etwas durch andere Kleidung, aber der Kopf und der Fensterrahmen blieben unveränderlich; grau und weiß. Ihre Anwesenheit am Fenster hatte auch Vorteile für mich. Wenn ich alleine von einem meiner Spaziergänge kam und das richtige Haus nicht gleich fand, erkannte ich den Block sofort mit Hilfe meines Fenstergemäldes.

Sandy hatte mir erzählt, dass die Dame alles registrierte, was sich vor dem Haus abspielte und über jeden Hausbewohner genau Bescheid wusste. Sicher hatte sie auch gemeldet, dass ich vorübergehend bei meiner Freundin wohnte. In Deutschland gab es ja viele private Versicherungen, vielleicht gab es auch ein privates Einwohnermeldeamt.

Jedenfalls befiel mich wieder so ein komisches Gefühl, beobachtet zu werden. Ich sagte laut und deutlich: »Guten Tag!« Sie dreht den Kopf sofort zur Seite, als ob meine Begrüßung Unglück bringen könnte. Meine Freundin sagte immer: »Sie ist eben so.« Auf jeden Fall war die Frau kein einfacher Mensch und ich hatte immer noch das Gefühl, dass sie Ausländer nicht mochte. Ich hasste es, jemanden zu begrüßen und keinen Gegengruß zu bekommen.

Ich wollte mich aber nicht ärgern und dachte daran, dass ich in weniger als einer Woche wieder in meiner Heimat war. Dort begrüßten sich alle Leute herzlich, auch wenn es nur eine traditionelle Gewohnheit war.

Um meinen Frust zu Ersticken beschloss ich, eine Zigarette zu rauchen. Allmählich machte sich Nikotinmangel in meinem Körper breit. Ich holte eine noch verschlossene Schachtel aus meiner Jackentasche und entfernte mit flinken Fingern die Plastikfolie, zog die Klappe der Schachtel hoch und nahm mir eine der begehrten Zigaretten. Die Plastikfolie knüllte ich zusammen und drückte sie in die sorgfältig geschnittene Hecke, die unter dem Fenster der gehbehinderten Frau anfing. Sie stand immer noch am Fenster, sah mich nun aber direkt an.

Vor ein paar Minuten existierte ich noch gar nicht für sie, jetzt schaute sie mir genau in die Augen. Auf einmal war ich für sie interessant geworden. Ich kannte den Grund. Sie hatte sicher die Schachtel in meiner Hand gesehen. Als sie die rote Zigarettenschachtel erblickt hatte, glänzten ihre Augen. Eigentlich glänzten ihre Augen nicht, sie waren nur sehr groß geworden.

Ich wusste, dass sie mich um eine Zigarette bitten würde. Das war für mich gar kein Problem, das war in meiner Heimat auch ganz üblich. Egal ob dich ein Kumpel oder ein fremder alter Mann um eine Zigarette bittet, wenn du eine übrig hast, gibst du sie ihm. Ich lächelte der Frau zu und wartete auf ihre freundliche Bitte. Statt eines netten Wortes aus diesem bis dahin geschlossenen Mund, flossen auf einmal laute Wörter und Sätze, wie bei einer unerwarteten Überschwemmung. Die Nachbarin war wohl auch keine Deutsche. Ich verstand jedenfalls kein Wort von ihren Ergüssen. Ihr Gesichtsausdruck und ihre Gesten, die mich auf das Gebüsch aufmerksam machen wollten, sahen nicht aus wie die freundliche Bitte um eine Zigarette. Ich hätte ihr trotzdem eine gegeben, wenn sie nur endlich den Mund gehalten hätte.

Plötzlich stand meine Freundin schockiert neben mir und fragte: »Was ist denn passiert?« Ich sah sie irritiert an: »Ich das nicht verstehen, du auch nicht? Geht irgendwie um eine Zigarette.« Ohne ihren Ton im Geringsten leiser zu stellen fing die Nachbarin nun an, auf meine Freundin einzureden. Als sie eine kleine Pause machte um Luft zu holen, sah ich meine Freundin fragend an. Sandy war rot geworden wie eine Tomate. Sie tat einen Schritt auf die Hecke zu, da begann die alte Frau erneut, laut zu schimpfen.

Sandy blieb stehen und sagte: »Du sollst das Papier aus dem Gebüsch raus nehmen.« Ich hatte nun endlich begriffen, was für ein Verbrechen ich begangen hatte. Ich hatte die hübsche Hecke mit Zigarettenpapier infiziert oder sogar mit einer unheilbaren Krankheit angesteckt. Warum machte die böse Frau so einen riesigen Zirkus wegen eines kleinen Stückchens Papier? Ich wollte ihr gerne erklären, dass das Papier nicht giftig war, ich hatte es doch schließlich auch angefasst.

Meine Freundin deutete auf das Gebüsch und sagte nochmals: »Nimm jetzt bitte endlich das Papier aus dem Gebüsch.« Eigentlich war ich zu stolz dazu. Um aber die Situation nicht weiter eskalieren zu lassen, gab ich schließlich nach und entfernte meine Hinterlassenschaften aus der stockhässlichen Hecke. Auf einmal, als ob man kaltes Wasser auf glühende Kohlen geschüttet hätte, hörte die Frau auf zu zetern und verschwand vom Fenster. Oh mein Gott, wie schön, dass sie die Front verlassen hatte. Dadurch schenkte sie der Welt Ruhe und versetzte die Erde in Frieden.

Ich hatte meinen Geschmack am Rauchen völlig verloren und das Feuerzeug in meiner Hand erschien mir wie ein nutzloser Gegenstand. Ich hätte es zu Boden werfen und zertreten sollen, dann wäre endgültig Schluss gewesen mit dieser unseligen Raucherei. Letztendlich steckte ich es aber doch in meine Jackentasche und folgte meiner Freundin zum Auto.

Sandy versuchte mir zu erklären, dass mein Verhalten falsch war und man so ein Benehmen in Deutschland nicht duldete. Ich hatte schon bemerkt, dass in Deutschland alles schön sauber und ordentlich war. Das war ja auch schön, aber um ein kleines Stückchen Papier musste man doch nicht so ein Theater machen. Wenn sich in meiner Heimat die Menschen so verhalten würden, wäre ein Bürgerkrieg unvermeidlich gewesen! Bei uns lagen überall Müllreste herum und trotzdem lebten die Leute in Freude und Frieden.

Andererseits verstand ich, was meine Freundin mir klar zu machen versuchte. Natürlich hatte sie auch Recht. Wenn jeder Mensch in Deutschland seinen Müll fallen lassen würde oder ein Stück Papier in eine Hecke stecken würde, wäre es hier nicht mehr so schön sauber. So konnte ich ihren Ärger verstehen und ich musste zugeben, dass mir die Sauberkeit auch ganz gut gefiel.

Als wir schon ein paar Minuten gefahren waren stellte ich die Frage, die mich mehr interessierte als das ganze Geschehen: »Die Oma keine Deutsche?« Meine Freundin lächelte, ohne den Blick von der Straße zu nehmen: »Doch sie ist Deutsche. Wenn sie wütend ist, spricht sie aber einen sehr starken Dialekt.«

Als ich merkte, dass an meiner verschwitzten Hand noch ein kleiner Rest Plastikfolie klebte, kurbelte ich das Autofenster ein wenig nach unten und er flog im Fahrwind davon. Den größten Teil der Folie hatte ich schon vorher verloren.

Hunde

Nach 10 Tagen Urlaub in Deutschland wusste ich eigentlich schon viel über die Deutschen und ihre Lebensweisen, zumindest würde ich das bei meiner Verwandtschaft und Bekanntschaft behaupten. Trotzdem gab es ab und zu mal Sachen, die ich nicht ganz verstehen konnte. Dann musste ich wieder meine Erinnerung zur Hilfe nehmen und in meinem Kopf in dem Lexikon nachsehen, dass seit sehr langer Zeit dort geschrieben war. Es basierte auf den Erzählungen meiner Bekannten, die schon in Deutschland waren oder auf den Berichten von Touristen. Wenn ich blätterte sagte ich mir, ‚das kennst du schon, das hat dir schon mal jemand erzählt'. Diese Geschichten in meinem Lexikon waren mein Wegweiser durch Deutschland. Ich konnte mich daran orientieren und vieles besser verstehen.

Als ich nun in Deutschland so viele Menschen mit Hunden sah, blätterte ich in meinem Lexikon und fand viele interessante und komische Sachen. Eine Person, die sich nicht so wie ich für dieses Land und Europa interessierte, konnte bestimmt nicht so viele Details beobachten. Ich konnte die deutsche Sprache und hatte so viele Touristen und Bekannte gefragt, wie es in Deutschland so war. Manchmal wollte ich aber nicht glauben, was die Leute so erzählten. Das betrachtete ich dann als Druckfehler in meinem Lexikon. Wenn ich zum Beispiel hörte, es gäbe faule und unpünktliche Deutsche, glaubte ich das auf keinen Fall. Dieses Mal schien die Sache aber ganz ernst und die Wahrheit ganz nah zu sein.

Meine Kumpels hatten erzählt, dass jeder Deutsche einen Hund besitzt. Glücklicherweise gehörte meine Freundin nicht dazu, obwohl sie sehr viel Sympathie für Hunde zeigte. Es stimmte also nicht, dass jeder deutsche Haushalt einen Hund besitzt. Die andere Behauptung, die ich gehört hatte, dass jeder Hund irgendwie Ähnlichkeit mit seinem Herrchen oder Frauchen hat, war eine Sache, die mich wirklich interessierte.

Ich wollte darüber aber mit niemandem reden, nicht einmal mit meiner Sandy. Ok, sie hatte keinen Hund und ihre Mutter auch nicht. Aber vielleicht ihr Vater, ihr Ex-Freund oder der Ex-Freund ihrer Mutter.

Es war für mich unter anderem völlig unverständlich, dass der Vater meiner Freundin mit einer anderen Frau zusammen wohnte und ihre Mutter einen Freund hatte, der sie ab und zu mal besuchte. So etwas nachzuvollziehen, war sehr kompliziert für mich, aber ich wollte mich sowieso auf mein neues interessantes Projekt konzentrieren.

Dafür brauchte ich als erstes Leute mit Hunden, die ich beobachten konnte, das war überhaupt kein Thema. Das Rohmaterial war reichlich überall in den Straßen zu finden. Dann brauchte ich genaue und scharfe Blicke. Dafür hatte ich zwei braune Augen zwischen langen Wimpern unter schwarzen Augenbrauen. Viel mehr brauchte ich nicht, nur noch einen halben Tag Zeit und möglichst den Fotoapparat meiner Freundin. Eigentlich sollte ich den nicht mehr alleine gebrauchen, aber das Mitnehmen konnte ja nicht strafbar sein.

Dann konnte meine Entdeckungsreise durch die unerforschte Welt der Beziehung zwischen Menschen und Hunden auch schon losgehen. Ich wollte eine Forschung über Menschen und Hunde machen. Es waren sicher nicht nur die Hunde, die hier eine wichtige Rolle spielten. Sie spielten die Hauptrolle in der deutschen Mensch-Tier Beziehung.

Man konnte ein Buch schreiben über Tiere in Deutschland. Mir fielen viele Titel ein: »Säugetiere zu Hause«, »Wie wohl Vögel sich im Käfig fühlen«, »Wie pflege ich meine Eidechse« oder »Wie füttere ich meine Ratten.« Vielleicht gab es ja auch schon Bücher über all diese Themen.

Es wäre schön gewesen, in einer Bibliothek nachzusehen aber leider konnte ich nicht lesen. Natürlich konnte ich in meiner Muttersprache lesen, dafür hatte ich zu lange Jahre meines Lebens in der Schule verbracht. Aber auch da gab es ein Problem. Sobald ich ein Buch aufschlug, schlief ich sofort ein.

Auf alle Fälle wollte ich einen halben Tag den Hunden und ihren Besitzern widmen, damit ich zuhause mehr zu erzählen hatte. Meine Freundin musste am Nachmittag arbeiten. So blieb genug Zeit, sich die Herrchen und Frauchen und ihre Vierbeiner genau zu betrachten.

Weil mich das Thema schon den ganzen Morgen beschäftigt hatte, sagte ich automatisch zu meiner Freundin: »In Deutschland zu viel Hund.« Sie sah mich lange an und betrachtete mich wieder einmal wie eine Lehrerin ihren Schüler. Sie fing langsam und geduldig an mir zu erzählen, welchen Stellenwert Hunde in Deutschland haben. Sie wurden gepflegt und geliebt, man passte auf die auf und einige Rassen brachte man sogar in den Hundesalon.

Als ich sie fragte ob es richtig sei, dass Hunde eine gewisse Ähnlichkeit mit ihren Besitzern hätten, sagte sie: »Na ja, vielleicht irgendwie schon. Ein großer Mann würde wohl einen großen Hund nehmen. Zu einem großen Hund würde schlecht ein kleiner Mann passen. Wer lange Haare hat, mag vielleicht lieber einen Hund mit langem Fell. Man kauft eben einen Hund von dem man meint, dass er zu einem passt.«

Das Ganze war für mich so lustig. Wenn ich richtig verstanden hatte, hatte sie von kaufen gesprochen. Wozu sollte man Hunde kaufen? Sie brachten doch sowieso genug Welpen zur Welt. »Ein Hund wie viel Euro?« fragte ich sie. »Unterschiedlich. Es gibt sehr teure Hunde. Außerdem kostet ihre Pflege viel Geld.« Dann erzählte sie mir, dass das Quälen von Hunden in Deutschland strafbar sei und vieles mehr, was ich nicht verstehen und noch weniger glauben konnte. Sie wollte mich bestimmt veralbern, als sie mir erzählte, dass Hunde ihr Fell verlieren können, wenn sie Stress haben.

Ok, bei uns gab es auch Tierärzte, die sich um kranke Kühe, Pferde oder Schafe kümmerten. Hier war es eine Katze, statt einem Lamm oder ein Hund statt einem Kalb. Wahrscheinlich gab es hier sogar Schönheitsoperationen für Tiere. Vielleicht auch Make-up für Katzen, Wellness-Urlaub für Papageien und Solarien für Wellensittiche. Wenn die Tiere in meiner Heimat das wüssten, hätten sie sich sicher alle auf dem nächsten Flughafen versammelt und einen Flug nach Deutschland gebucht.

Mir drängte sich mal wieder eine Frage auf. Wenn Hunde hier so beliebt sind, warum nennt man seine Freundin dann ‚mein Hase' oder ‚meine Schnecke' und nicht ‚mein Hund'? Ich traute mich aber nicht, Sandy zu fragen. Stattdessen sagte ich ihr, dass ich am Nachmittag spazieren gehen würde. Sie sagte nur: »Sei bitte aber gegen sechs wieder hier. Ich habe meine Freundin Monika eingeladen.« Ich versprach ihr, rechtzeitig zu Hause zu sein.

Mein Blick fiel auf den Fotoapparat. Er stand in der Ladestation und die Batterieanzeige stand auf rot. Das war aber nicht so wichtig. Ich brauchte den Apparat nicht unbedingt, um Fotos zu machen aber mit ihm in der Hand wirkte ich mehr wie ein Tourist und nicht wie ein einfacher Ausländer.

Als ich endlich auf der Straße war, war ich auf meine ersten Begegnungen mit meinen Forschungsobjekten sehr gespannt. Ich wusste, dass meine Vorstellung ein

Klischeebild war. Bei uns sahen alle Hunde ziemlich ähnlich aus. Wenn wir von einem Hund sprachen sahen wir ein Tier vor uns, das etwas kleiner war als ein deutscher Schäferhund. Die meisten waren sehr mager, wenn sie einen Besitzer hatten, waren sie sehr gefährlich und bissig, weil sie auf ein Grundstück aufpassen mussten und die herrenlosen waren sehr ängstlich und vermieden jeden Kontakt mit Menschen. Diese armen Tiere sahen alle in ihrem ganzen Leben keine Wohnung von innen und fressen mussten sie das, was sie gerade fanden.

Deutsche Hunde waren da wohl ganz anders. Sie bekamen als Welpe eine Zahnspange und wenn sie alt waren ein Gebiss. Es war ja gut, seinen Hund zu lieben, aber zuviel ist zuviel. Als ich klein war hatten wir auch einen Hund. Mein Vater hätte nie Geld für einen Tierarzt bezahlt. Wir hatten ihn als Geschenk bekommen, als eine Hündin Junge hatte. Wir Kinder durften so lange mit unserem Hund spielen bis er größer wurde und beißen konnte. Dann wurde er Hofhund und böse. Wenn ich zurück denke, war das Tier für uns wichtig und wir wohl auch für ihn, als er noch klein war.

In Deutschland war die Auswahl an Hunden enorm. Ich hatte mir vorher nie darüber Gedanken gemacht. Ich kannte nur eine Rasse, den Schäferhund, der war für mich typisch deutsch.

Im Stadtzentrum konnte ich bestimmt finden, wonach ich suchte. Das war aber weit entfernt und ich sollte um sechs zuhause sein. Also ging ich nur bis zur Hauptstraße unseres Stadtteils, dort waren immer sehr viele Leute unterwegs. Es war gegen vier und ich hatte genügend Zeit für meinen Spaziergang. In zwei Stunden konnte ich eine gute Strecke laufen und dabei meine Studien treiben. Als ich die Hauptstraße entlang ging war ich ziemlich enttäuscht; viele Menschen aber kaum Hunde. Ich hatte viele von ihnen erwartet, aber es waren einfach nur viele Menschen unterwegs. Die vielen Hundehaufen gaben mir aber das sichere Gefühl, auf der richtigen Spur zu sein. Ich war fast am Ziel.

Mir fiel mein erster Tag in dieser Stadt ein. Ich war über die grüne Wiese vor unserem Wohnblock spazieren gegangen und hatte zu spät gemerkt, dass das Feld voller Hundeminen war. Ich stand sehr schnell mitten drin und meine Schuhe stanken fürchterlich. Überall standen Schilder ‚Betreten verboten' aber weder die Hunde noch ich konnten sie lesen. Pech gehabt!

Endlich kam ein gut angezogenes Paar, mit einem Hund an der Leine, vorbei. Eine Ähnlichkeit war nicht zu entdecken, außer vielleicht, dass das Tier sehr gepflegt aussah. Ich ging weiter bis zu einer roten Ampel, wo ich wieder warten musste. Auf der anderen Straßenseite sah ich einen alten Mann mit einem Hund, der auch sehr alt aussah. Ich hatte in den letzten Tagen schon ein paar ältere Leute mit kleinen Hunden gesehen und die sahen auch alle alt aus. War das eine Ähnlichkeit oder einfach ein Zufall? Besaßen die meisten älteren Leute wirklich ältere Hunde? Hatten sie sich absichtlich einen älteren Hund angeschafft oder waren diese nur schneller gealtert? Der Hund auf der anderen Seite der Straße wartete ganz ruhig und geduldig, wie sein Herr. Als die Ampel auf grün schaltete, begegneten wir uns auf der Straße und ich hörte, wie der alte Mann freundlich mit seinem kleinen grauen Hund redete.

Ein paar Minuten später sah ich ein junges Paar, beide in langen schwarzen Lederklamotten und mit langen schwarzen Haaren, nur die Gesichter waren ganz weiß. Ihr Hund sah genau so aus, ganz schwarz. Ich fragte mich, ob sie den Hund auch gefärbt hatten, oder ob es sein Naturfell war. Im Gegensatz zu den beiden war der Hund ein wenig scheu. Vielleicht war ihm sein Outfit peinlich. Ich ging einige Minuten hinter ihnen her, als die nächsten Studienobjekte in mein Blickfeld gerieten.

Ich sah einen dicken Hund mit schwarz-weißem Fell, er wurde von einer dicken Frau an der Leine geführt. Sie war zwischen fünfunddreißig und vierzig Jahre alt. Wegen ihres großen Hutes konnte man ihr Gesicht nur zur Hälfte sehen. Sie hatte eine weiße Jacke mit schwarzen Ärmeln an, auf der man vorne eine amerikanische Flagge erkennen konnte.

Ich hatte bis jetzt nur kleine Hunde gesehen. Woran mochte das liegen? Vielleicht waren sie billiger. Sie passten bestimmt auch besser in Autos und ihre Reste waren schneller von der Straße zu entfernen.

Die Tiere, die ich an diesem Nachmittag gesehen hatte, waren alle sehr gehorsam. Einmal, als ich mit meiner Freundin im Zentrum unterwegs war, war mir ein Mann mit einer Flasche in der Hand aufgefallen, der an der Leine seines ungehorsamen Hundes zog und laut mit ihm schimpfte. Der Hund hörte trotzdem nicht und der Mann gab ihm einen Klaps auf sein Hinterteil. Ich war sehr verwundert, dass meine Freundin nicht die Polizei rief.

An einem anderen Tag sah ich ein süßes Tierchen, das alleine und ohne Leine auf der Wiese neben einem Baum spielte. Ob der wohl keinen Besitzer hatte? Das war bestimmt eine Ausnahme. Bei uns ist sowas keine Ausnahme, es gibt sehr viele Straßenköter. In dem Moment sah ich den Besitzer des Hundes, der in etwa zwanzig Metern Entfernung geduldig wartete. Sein Liebling sollte in Ruhe spielen und den Baum gießen.

Es wurde langsam Zeit, nach Hause zu gehen, um nicht zu spät zu kommen. Ich hatte nämlich noch fünf Ampeln vor mir, die sicher wieder alle rot waren. Mir wurde immer noch mulmig, wenn ich dort warten musste. Die Zeit wollte dort einfach nicht vergehen. Bis zur nächsten Ampel waren es noch hundert Meter und sie würde bestimmt rot sein, wenn ich sie erreichte.

Plötzlich sah ich einen kräftigen jungen Mann aus einer Seitenstraße kommen. Er war mit einem dicken Pullover und einer Jogginghose bekleidet und hatte einen rasierten massigen Schädel. An der Leine hatte er einen großen massigen Hund, dessen Schädel noch größer als der seines Herrn war. Das riesige Tier zog sein Herrchen hinter sich her. Das sah für mich ganz lustig aus. An der Ampel war ich auf gleicher Höhe mit ihnen und prompt wurde es rot. Das hatte ich geahnt. Nun standen wir nebeneinander und der Hund versuchte, den Mann über die Straße zu ziehen. Der große gelbe Kampfhund mit dem kurzen Schwanz sah alles andere als freundlich aus. Als er mich bemerkte sah er mich böse aus den Augenwinkeln an. Der Hund wollte weiter bei rot über die Straße. Es wunderte mich sehr, dass deutsche Hunde nicht über die Straßenverkehrsregeln informiert waren. »Sitz« schrie der Mann. Das Tier saß für einen kurzen Moment, stand dann aber sofort wieder auf und versuchte, den Mann hinter sich her zu ziehen. Der Mann wurde jetzt richtig böse und schrie: »Sitz. Bist du Türke oder was?« Der Hund setzte sich jetzt wirklich.

Ich sah mir die anderen wartenden Passanten an. Einer lächelte vor sich hin, zwei ältere Herren schüttelten enttäuscht den Kopf und einige Leute sahen mich an. Erst jetzt verstand ich, was der junge Mann mit der Glatze meinte. Ich schaute zur Seite, aber eine bittere Wut füllte das Glas meiner Geduld. Ich wollte mit ihm schimpfen, doch mein Blick fiel wieder auf seinen Hund. Wenn ich auch so ein großes Maul gehabt hätte, hätte ich es auf eine Auseinandersetzung ankommen lassen.

Sekunden später wurde die Ampel grün und der Kampfhund überquerte mit seinem Herrn die Straße. Ich lief schnell an den beiden vorbei. Noch einmal sah ich in das hässliche Gesicht des Hundes. Es gab keinen Anlass für einen Streit. Erstens war ich kein Türke und der Mann konnte mich gar nicht gemeint haben und zweitens musste ich pünktlich zu Hause sein.

Shopping

Warum meine Freundin und ihre Mutter das Einkaufen ,shopping' nannten und die Stadt ,city' war mir nicht ganz klar. Wahrscheinlich, weil sie ganz moderne Frauen sind. Als ich diese Wörter das erste Mal hörte, war ich ziemlich verwirrt. Nicht, dass ich das Gefühl hatte, in England zu sein, sondern weil ich glaubte, dass das deutsche Wörter wären. Später wurde mir klar, dass es sich um Fremdwörter handelte, die ganz selbstverständlich verwendet wurden. Obwohl ich jemand war, der stolz auf sein Hochdeutsch sein konnte, benutzte auch ich nun diese Wörter. ,Shopping' war einfach ein schönes Wort und klang viel saftiger als einkaufen. Das man nicht in der Stadt ,shopping' machen konnte, sondern in der ,city', war mir auch schnell klar.

An diesem Tag war ich zum ,shopping' eingeladen. Ich war mir nicht ganz sicher, ob mein exzellenter Geschmack gefragt war oder ob meine Freundin Geschenke für mich kaufen wollte. Vielleicht nahm sie mich auch einfach nur mit, damit ich ihre Tüten schleppen konnte. Das war aber gar nicht so wichtig. Ich steckte ein wenig Geld ein, vielleicht würde ich einige Mitbringsel für meine Familie kaufen.

Es war ein Nachmittag und Phillip freute sich, dass er mit uns kommen durfte. Glücklich war er aber nicht darüber, dass er hinten in seinem Kindersitz sitzen musste. Er lenkte die gesamte Aufmerksamkeit auf sich und quengelte während der ganzen Fahrt, nichts gefiel ihm. Natürlich war Sandy die wichtigste Person im Auto und ich nahm stolz den zweiten Platz in Anspruch. »Jetzt ist aber Ruhe Phillip« sagte meine Freundin zu ihrem Sohn. »Sonst bringen wir dich zur Oma.« Ein kurzer Aufschrei und dann war tatsächlich Ruhe und wir näherten uns der ‚city'. Sandy sah konzentriert nach vorne und erzählte dabei, was wir alles einkaufen wollten. »Wir müssen den Kühlschrank füllen« sagte sie. Die Idee fand ich schön, obwohl es mir ein wenig peinlich war, dass sie immer alle Lebensmittel bezahlte. Aber dreißig bis fünfzig Euro für mehrere Tüten voller Einkäufe waren nun wirklich nicht teuer.

Ich wollte wieder so viele Säfte wie möglich einkaufen. Soviel Saft wie hier in den letzten Wochen, trank ich zu Hause in zwei Jahren nicht. Ich trank oft ohne Durst zu haben, ich musste einfach alles durchprobieren. Einmal hatte Sandy gesagt: »Man muss den Saft nicht pur trinken, man kann ihn mit Selters mischen.« Das hatte mir zwar nicht gefallen, aber ich beeilte mich, einige Tropfen Wasser in mein großes Glas voller Apelsaft zu kippen.

Nun konzentrierte ich mich drauf, was ich einkaufen wollte. Ein Stopp an der Tankstelle riss mich aus meinen Gedanken. Wollten wir hier einkaufen oder brauchten wir Sprit für den Kühlschrank? Der lief doch elektrisch, ich wusste es ganz genau, weil er mein Lieblingsgerät geworden war. Ich hatte ordentlich zugenommen und wenn ich noch länger bleiben würde, sähe ich bestimmt bald aus wie der Kühlschrank.

»Wir tanken erst« sagte meine Freundin und stieg aus. Es war das erste Mal, dass sie mich mit zum Tanken nahm. Ich war begeistert von der riesigen sauberen Tankstelle, die sehr viele Zapfsäulen besaß. Es tropfte kein Benzin oder Diesel von den Zapfhähnen, und überall war es schön sauber und nicht schwarz, nass und rutschig, so wie ich es gewohnt war. Nur das Personal war sehr langsam. Bei uns wäre längst ein Tankwart zur Stelle gewesen, hätte das Auto aufgetankt und direkt am Auto kassiert.

Als ich mich umdrehte sah ich, dass meine Freundin das Tanken selbst erledigte. Später erzählte sie mir, dass es in Deutschland nicht üblich ist, ein Auto auftanken zu lassen, jeder war selber dafür zuständig. So etwas kannte ich bei uns nur in manchen Restaurants, wo man sein Essen selber holen musste, aber nicht an Tankstellen. Ich sagte zu Sandy: »Du sprechen arbeitslos viele in Deutschland, warum du dann selbst tanken?« Als Antwort hat sie nur gelächelt, ich aber bekam einen roten Kopf. Es war doch peinlich, das ich als Mann im Auto sitzen geblieben war und das Tanken einer Frau überlassen hatte.

Nach dem Tankabenteuer setzen wir unsere Fahrt zum ‚shopping' fort. Wir parkten in einer Kellergarage. Ich nahm Phillip aus seinem Kinderstuhl und nachdem Sandy das Auto per Fernbedienung geschlossen hatte, es antwortete mit einem lauten ‚Piep', gingen wir zum Fahrstuhl. Da passten zwanzig Personen rein, aber außer uns waren nur noch vier Leute drin. Als wir den Fahrstuhl verließen, sah ich viele Geschäfte und ziemlich viele Menschen, die einfach nur bummelten. In der großen Halle gab es so viele verschiedene Geschäfte, es war alles sehr verwirrend für mich. Direkt neben einem Laden mit Klamotten gab es Obst und Gemüse, daneben Radios und Fernseher und ein Stückchen weiter Spielzeug und Bücher. Es gab alles, was man sich vorstellen konnte und vieles, was man sich nicht vorstellen konnte.

Nun ging es endlich in den großen Supermarkt. Da waren sie wieder, die vielen leckeren Säfte. Die Auswahl war so groß, dass man gar nicht wusste, was man kaufen sollte. Es schien aber so, dass meine Freundin wusste, was sie kaufen wollte. Sie ging gezielt zu bestimmten Regalen und schien die Qualität und den Preis zu prüfen. Ich war verwirrt von den vielen verschiedenen Verpackungen in all den bunten Farben. Ich wollte am Besten keine Fragen stellen. Wie peinlich, wenn sie erkannt hätte, dass mich so große Läden verunsicherten.

Es ging endlich zurück zu den Regalen mit Säften und ich durfte aussuchen. Pfirsich und Mango waren meine Favoriten geworden und ich stellte von jeder Sorte drei Flaschen in den Einkaufswagen, in dem vorne Phillip saß und mit seinen Beinen baumelte. Es verwunderte mich, dass dieser kleine Junge ganz genau wusste, welche Cornflakes er essen wollte und welche Schokolade ihm am Besten schmeckte. Im Vergleich zu ihm war ich außerhalb des Säftebereiches ein orientierungsloses Lamm, das seine Muter verloren hatte.

Als nächstes sollten Obst und Gemüse gekauft werden. Auch dort gab es Sachen, die ich noch nie in meinem Leben gesehen hatte und viele davon wurden stückweise verkauft und nicht in ganzen Kisten! Ich kannte Datteln, Bananen, Äpfel und Orangen, aber wie schmeckten wohl Stachelbeeren? Beim Gemüse ging es mir ähnlich. Kartoffeln und Tomaten waren weltbekannt und auch Zwiebeln waren überall vorhanden, was aber waren rote Beete?

Ich erkannte auch im Supermarkt wieder den Grund für die hohe Arbeitslosigkeit in Deutschland. An den Regalen waren nur wenige Verkäufer zu sehen und die füllten nur Regale und interessierten sich überhaupt nicht für die Kunden. Meine Freundin kaufte weiterhin sehr konzentriert ein. Sie kaufte meiner Meinung nach sehr wenig. War sie geizig, oder gefiel ihr die Autofahrt zum Supermarkt so gut? Oder machte es ihr einfach nur Spaß, einkaufen zu gehen? Das konnte ich wiederum sehr gut verstehen.

Als nächstes widmeten wir uns den vielen Reihen von Kühltruhen. Als Erstes kamen die Fische. Bei uns wurden ganze Fische auf dem Markt verkauft. Hier gab es ganze Kühltruhen voller gleicher Fische in unterschiedlichen Verpackungen von vielen verschiedenen Firmen. Deutschland liegt wohl an zwei Meeren aber die meisten Fische mussten importiert sein, so viele konnte es nicht geben. Nur nicht fragen, meine Freundin kannte bestimmt alles, was hier angeboten wurde. Die nächsten Truhen waren voll mit Geflügel. Es gab alles von wilden

Vögeln bis zum Käfighähnchen, jedenfalls stand das auf den Verpackungen und war dort auch auf Fotos zu sehen. Man konnte komplette Tiere oder auch nur Brust, Schenkel, Flügel, Herz oder Leber kaufen. Fehlten nur noch die Krallen oder Schnäbel. Wenn meine Mutter hier gewesen wäre, hätte sie bestimmt für ein ganzes Jahr alle Arten von Hähnchen gekauft. Weiter ging es zu Schwein, Rind und Lamm. Auch hier gab es keinen Mangel. Das Schweinefleisch sah ich mir besser nicht an.

Als wir, trotz aller Sparsamkeit meiner Freundin, den Einkaufwagen halb gefüllt hatten, hielten wir Ausschau nach einer Kasse, an der die Schlange nicht so lang war. An den meisten Kassen standen lange Schlangen, die meisten Leute hatten einen Wagen, einige aber auch nur einen Einkaufskorb mit wenigen Waren. Alle standen sehr ordentlich und geduldig in einer Reihe und niemand versuchte schneller nach vorne zu gelangen. Das fand ich seltsam und gleichzeitig langweilig. In einer Schlange bei uns hätten die meisten Leute versucht, sich irgendwie schneller nach vorne zu bringen. Schummeln in einer langen Reihe war etwas ganz normales und selbstverständlich. Manchmal ging jemand ohne ein Wort zu sagen einfach ganz an den Anfang der Schlange. Ein beliebter Trick war, jemanden weit vorne zu begrüßen, auch wenn man ihn gar nicht kannte, und sich direkt dahinter zu stellen. Manchmal kam es zu Tumulten, meistens sahen die Leute aber einfach nur genervt zur Seite. Hier gab es keine Kreativität, alle standen ganz brav da und warteten, bis sie an der Reihe waren. Vielleicht sollte ich meiner Freundin irgendwann einmal beibringen, wie man solch eine Aktion erfolgreich meistert. Die Deutschen waren aber nicht überall so artig und geduldig. Hinter dem Lenkrad eines Autos benahmen sie sich ganz anders. Überholen im Supermarkt war sicher ärgerlich, aber längst nicht so lebensgefährlich.

Vor uns standen noch fünf Leute an der Kasse und Sandy hatte Phillip aus dem Einkaufswagen gehoben. Erst stand er brav neben uns, dann rannte er plötzlich los und holte sich einen Lutscher aus einem Regal neben der Kasse. Er kam damit zurück und weil er ihn mit seinen kleinen Händchen nicht auspacken konnte, wollte ich ihm dabei behilflich sein. Meine Freundin schritt sofort ein: »Erst bezahlen. Leg den Lutscher in den Wagen.« Er gehorchte, fing aber sofort an wütend zu schreien. Sandy beachtete ihn gar nicht. Ich fand das unmöglich und hatte Mitleid mit Phillip.

Die Frau an der Kasse sagte zu jedem ‚guten Tag‘ ohne eine Person dabei anzusehen. Dann nahm sie die Waren vom Rollband zog sie über die elektronische Kasse und wenn es piepte, ließ sie die Waren weiter fahren. Noch zwei Leute, dann wären wir dran. Die Frau, die an der Reihe war, legte ein T-Shirt ohne Preisetikett auf das Laufband. Die Kassiererin unterhielt sich kurz mit ihr, drehte sich um zu einer Kollegin und fragte sie nach dem Preis. Als auch das erfolglos war stand sie auf und verschwand mit dem Shirt im Supermarkt. Ich fragte meine Freundin was los sei, und sie erzählte mir ganz gelassen, dass die Kassiererin nach dem Preis der Ware fragen würde. Sie sagte es so, als ob gar nichts passiert war. Die Leute um uns herum warteten ebenfalls geduldig auf die nette Kassiererin. Ich war der einzige in der langen Schlange, der wütend geworden war. Alle anderen taten so, als ob sie alle Zeit der Welt hätten. Endlich kam die Dame zurück und das Band konnte die nächsten Waren zu ihr bringen.

Als meine Freundin endlich bezahlt hatte, stopften wir unsere Einkäufe in unsere drei mitgebrachten Stoffbeutel. Sandy bot an, alles ins Auto zu bringen und danach noch einen Schaufensterbummel mit mir zu machen. Außerdem brauchten wir noch Zahnpasta und Schampon. Ich bot mich an, die Tüten zu tragen und meine lächelnde Freundin folgte mir, mit einem glücklichen Phillip an der Hand, der seinen Lutscher im Mund drehte.

Zurück in der großen Halle ging es in einen so genannten Drogeriemarkt. Hier gab es viele bunte Flaschen, Dosen und Tuben mit allem, was man zur Reinigung und zur Körperpflege brauchte. Meine Freundin sammelte die Sachen, die sie brauchte in einem Korb. Zeit für mich, mich gründlich umzuschauen. Seife und Rasierschaum gab es bei uns auch genug, aber was war Rasiergel? Das war bestimmt etwas ganz besonderes und ich entschloss mich, zwei Dosen als Geschenk mitzunehmen. Nun ja, eine für meinen Vater und eine für mich. Ich ging zu meiner Freundin und packte beide Dosen in ihren Korb. Sie sah mich an und sagte: »Gleich zwei Dosen? Ich dachte, du hast noch etwas zu Haus.« »Schaum ja, aber

Gel keine.« Damit war das Thema erledigt. Sie kaufte weiter ein und ich widmete mich den Dingen für die Zahnpflege. Es gab so viele Varianten von Zahnbürsten in Farben und Formen, die ganz anders waren, als der Standard, den ich kannte. Ich dachte bis dahin, dass wenigstens der Mund und die Zähne aller Menschen gleich wären. Hier musste es aber bestimmt Unterschiede geben, bei all diesen Bürsten. Zahncreme gab es zum hinlegen, in Stehtuben und in kleinen Büchsen. Dann Fäden, die meine Freundin ,Zahnseide' nannte.

Was ich nicht verstand, war, dass man in den gleichen Regalen Getränke verkaufte. Sandy lachte: »Mein Schatz, das ist Mundwasser.« Nun verstand ich. Das Zeug war für Leute die keine Lust hatten, ihre Zähne zehnmal am Tag mit einer Bürste zu quälen. Da konnte man einfach gurgeln und schon war man fertig. Meine Freundin suchte Zahnpasta aus und Phillip lief zwischen uns hin und her und fasste einfach alles an. Plötzlich sah ich sie, von der ich lange geträumt hatte. Bevor ich nach Deutschland kam, dachte ich an sie. Noch im Flugzeug dachte ich an sie, aber durch die vielen neuen Dinge hier hatte ich sie vorläufig vergessen. Die ganze Zeit störte mich eine vergessene Sache und nun stand sie vor mir. Plötzlich vergaß ich alles um mich herum; wie ein Magnet zog sie mich an: die elektrische Zahnbürste. Ich musste unbedingt eine kaufen. Wenn ich so etwas zu Hause vorführte, würden sogar meine besten Kumpels neidisch werden. Das war mir aber egal. Wenn ich so eine Bürste besäße, würde ich meine Zähne gerne mehrmals täglich putzen, und ich würde noch schöner werden. Es war mir nur nicht ganz klar, ob dieses gute Stück bei uns funktionieren würde. Das würde ich schon hinkriegen. Also nun musste eine Auswahl getroffen werden. Leider waren die elektrischen Zahnbürsten alle nicht ganz billig. Ich wählte drei aus und fragte meine Freundin um Rat. »Welche gut?« Sie zeigte auf die billigste. Wahrscheinlich hatte sie Angst, dass sie wieder zahlen sollte. »Unsere Elektrik da kein Problem?« »Nein, kein Problem.« Ich legte die Bürste in den Korb und sagte leise: »Ich dir später Geld geben, ok?«

Nachdem unser Einkauf bezahlt war, trug ich wie üblich unsere wertvolle Fracht. Meine Freundin blieb nun vor einem Schuhgeschäft stehen und betrachtet sehr interessiert die Damenschuhe. Mir waren die Herrenschuhe egal, ich war nicht auf größere Investitionen vorbereitet und auf Sandy konnte ich mich nicht groß verlassen. »Gehen wir kurz rein«, sagte sie und sah dabei ein wenig müde aus. Ich wusste, dass Frauen beim 'shopping' eigentlich gute Laune hatten, aber heute war vielleicht nicht ihr Tag. Sofort war eine Verkäuferin zur Stelle: »Kann ich helfen?« Sandy zählte ihre Wünsche auf und ich langweilte mich.

Da fiel mein Blick plötzlich auf das Sportgeschäft gegenüber. Ich interessierte mich sehr für Sportklamotten, besonders wenn es um Markensachen ging. Wie die T-Shirts mit groß geschriebenen Namen konnte man z. B. auch Basketballschuhe für die Freizeit benutzen. Freizeit hatte ich sowieso nicht wenig im Tourismus. Ich sagte Sandy, dass ich in das Geschäft gegenüber gehen würde und Philip jubelte: »Ich komm' mit.« Ich wollte ihn an die Hand nehmen, aber er sah mich böse an und zog seine Hand weg. Als ich das Schuhgeschäft verließ, rannte er hinter mir her.

Anders als es Sandy üblicherweise machte, betrat ich zusammen mit Phillip das Geschäft, ohne in das Schaufenster zu blicken. Es war ein sehr großer Laden. Die Regale waren voller Sportschuhe. Auf den Ständern hingen Shorts, T-Shirts, Socken, Basecaps und alles Mögliche, was man überhaupt zum Sport anziehen konnte. Viele Kunden unterhielten sich mit Verkäufern. Als ich den Laden betrat stand sofort eine Verkäuferin mit sehr roten Haaren und einer Brille vor mir. Ich grüßte höflich, aber sie schien über mich hinweg zu sehen. Phillip und ich gingen unbeirrt weiter. Ich sah mir die Regale mit Sportschuhen genauer an. Wie lustig, von jedem Schuh war nur einer da. Ich nahm die meisten in die Hand und begutachtete sie ganz genau.

Ich drehte mich um und hinter mir standen Phillip und die Verkäuferin. Meine Freunde hatten mir gesagt, dass man auf Kinder beim Einkaufen besonders gut aufpassen sollte. Also zog ich den Kleinen an meine Seite. Sicher war sicher. Wir bummelten weiter durch den Laden. Ich sah mich wieder um, die Verkäuferin war immer noch hinter uns. Nun zog ich meine Einkaufstüte näher an mich und nahm Phillip an die Hand. Obwohl er das gar nicht mochte, ließ er es sich gefallen. Von der Verkäuferin ging vielleicht eine Gefahr aus. Er war ein deutsches Kind und hatte bestimmt ein Gespür für solche Sachen.

Auf Schritt und Tritt folgte uns die Verkäuferin. War sie wirklich eine Verkäuferin, oder verfolgte sie andere Absichten? Ich konnte erst wieder durchatmen, als sie eilig zum klingelnden Telefon lief. Ich war erleichtert. Wenn sie das Telefon beantwortete, war sie wirklich eine Verkäuferin. Phillip ging inzwischen wieder hinter mir. Auch für ihn war die Gefahr vorüber. Endlich konnte ich wieder all die schönen Klamotten betrachten.

Ich sah auf die Uhr. Eine Viertelstunde hatte ich jetzt schon im Laden verbracht. Es war höchste Zeit zu meiner Freundin und ihren Schuhen zurückzukehren. Auch Phillip schien seine Mutter inzwischen zu vermissen. Als wir uns dem Ausgang näherten hörte ich hinter uns ein lautes ‚Hallo, hallo'. Ich drehte mich um und sah in das Gesicht der Verkäuferin, die uns die ganze Zeit gefolgt war. Nun begrüßte sie mich höflich. »Guten Tag!« In ihrem Gesicht waren keine Gefühle zu entdecken. Sie deutet auf meine Einkaufstüte. Ich machte die Tüte mit beiden Händen auf. Sie sah erst mich an und dann in die Tüte. Als sie alles durchsucht hatte sagte sie ausdruckslos »ok.« Ich sah sie an und sagte automatisch: »Alles klar?« und wartet auf ihre Antwort. Ich erwartete eigentlich nicht viel, wusste aber immerhin, dass sie ‚ok' sagen konnte. Sie sagte nichts und ich ging mit dem Kind zügig in Richtung Tür.

In diesem Moment betrat meine Freundin den Laden und mich durchzuckte eine Wut. Wie dumm war ich und wie frech war diese Verkäuferin. Ich musste gegen diese Beleidigung etwas tun, um mich von dieser schweren

Last zu erleichtern. Ich entschied mich zurückzugehen und meinen gesamten deutschen Schimpfwortschatz zu gebrauchen. Phillip war zu seiner Mutter gelaufen, die jetzt angestrengt in meine Richtung sah.

Ich war teuflisch sauer und ging nun mit sicheren Schritten auf die Verkäuferin zu, die noch immer in der Mitte des Ladens stand. Als ich vor ihr stand, drehte ich mich wieder um. Meine Freundin war mit ihrem Sohn verschwunden. Sicher waren sie zurück in den verdammten Schuhladen gegangen. Ich musste jetzt unbedingt schimpfen. Die Sache wurde immer peinlicher. Ich stand nun direkt vor der Verkäuferin die mich böse ansah. Ich holte sehr tief Luft, sah sie an und presste hervor: »Alles klar, oder?«

Fenstertisch

Wenn wir in der Stadt waren, gingen Sandy und ich – und manchmal auch Phillip – gerne in ein Café. Dort gab es nicht nur Kaffee, sondern viele ähnliche Getränke deren Namen ich erst einmal lernen musste. Cappuccino, Milchkaffee, Espresso konnte man mit und ohne Geschmack bekommen. Ich brauchte eine Weile, bis ich begriffen hatte, dass mit Geschmack immer mit Alkohol bedeutete. Ich fand aber auch die Getränke ohne Geschmack ausgesprochen geschmackvoll.

Meine Freundin hatte auch zuhause solch leckere Sachen, es gab sie alle auch als fertiges Pulver. Eine richtige Kaffeemaschine hatte meine Freundin leider nicht, nur einen Espressoautomaten. Sogar bei uns gab es Kaffeemaschinen, meistens hatten wir die von unseren deutschen Freunden, die häufig ihren Urlaub bei uns verbrachten. Natürlich musste man diese, bevor sie wiederkamen immer mal wieder versteckt daran erinnern, was man noch so brauchen könnte. Ich besaß mittlerweile drei Kaffeeautomaten, einen hatte ich meiner Mutter geschenkt und zwei befanden sich in meiner Wohnung. Ich war furchtbar stolz darauf, dass es mir immer wieder gelang, so viele Geschenke zu organisieren.

Die Espressomaschine meiner Freundin war nicht unbedingt mein Fall. Ich fand Espresso sehr bitter und wunderte mich, warum meine Freundin ihr Geld für eine Maschine ausgegeben hatte, die solch ein bitteres

Getränk produzierte. War es vielleicht ein Geschenk gewesen?

Es wäre auch möglich, dass Espresso gut war für Menschen mit viel Stress oder anstrengender Schichtarbeit. Vielleicht waren Espressomaschinen bei uns weniger üblich, weil wir weniger Stress hatten und keine so anstrengenden Schichten. Zumindest nicht bei uns im Tourismus.

Wenn wir in der Stadt waren, gingen wir also in einen dieser schönen Kaffeeläden, die außer den Kaffeespezialitäten auch leckere Säfte, Suppen, Salate und Toasts im Angebot hatten. Bei den Salaten und Toast musste ich allerdings aufpassen, dass kein Schwein verwurstet war. In den meisten Cafés gab es auch Eis, das wollte Phillip auf keinen Fall verpassen. Sein Lieblingseis war Schokoeis; dunkelbraun und honigsüß.

Meine Freundin liebte Joghurteis und Sekt auf Eis und danach einen Espresso. Ich konnte nicht verstehen, dass sie so viel Geld für so eine kleine Tasse Espresso bezahlte, wo sie doch eine Maschine zu Hause hatte. Schließlich jammerte sie mir doch ständig vor, wie hart sie ihr Geld verdienen müsste.

Als ich mit Sandy und Phillip das erste Mal eine richtige Eisdiele betrat war ich gespannt, was mich erwarten würde. Bei uns gab es drei verschiedene Eissorten, die man entweder in einer Waffel oder in einem Pappbecher bekam und dazu einen kleinen grünen Plastiklöffel. In manchen Lebensmittelgeschäften gab es noch Eis mit Stäbchen, das hieß hier ‚Eis am Stiel'. Man musste es wie ein Schwert in der Hand halten und dann daran lecken. Obwohl ich ein großer Eisliebhaber war, konnte ich diese Stäbchen nicht gut leiden.

Als ich in Deutschland die Eiskarte sah, konnte ich mir nicht vorstellen, dass es eine so große Auswahl geben konnte. Bei uns gab es so was nicht mal in Luxushotels. Mein Gott, eine ganze Karte voll mit Eis aller Art. Sie machten hier tatsächlich aus allem Obst und Gemüse Eis. Dann fielen mir die tollen Becher auf; riesig groß und aus Glas und dazu lange, schlanke Metalllöffel.

Ich vertiefte mich noch mal in die Karte und war fasziniert. Es gab Eis aus Kokosnuss, Mango, Pfirsich, Papaya, Vanille, Erdbeeren, Honigmelone, Wassermelone, Zitrone, Orange und Apfel. Verziert waren die meisten Eisbecher mit Fruchtstücken, Sahne oder auch mit Alkohol. Das würde man mir zuhause sicher wieder alles nicht glauben. Meinen Leuten würde schon bei meiner Erzählung das Wasser im Mund zusammen laufen.

Eigentlich hätte eine so große Auswahl besser zu uns gepasst, wegen der ständigen Hitze. In Deutschland war doch nur sehr kurze Zeit Sommer. Meine Freundin erklärte mir aber, dass hier immer Eis gegessen wurde, unabhängig von der Jahreszeit. Das konnte ich wohl glauben. Ich wäre sicher selbst bei tiefem Schnee nicht an einer Eisdiele vorbeigekommen.

Zunächst bestellte ich mir nur drei Kugeln Vanilleeis mit viel Sahne. Ich wollte auf Nummer sicher gehen. Woher sollte ich wissen, ob in einigen Eisbechern nicht sogar Zucchini oder Spargel enthalten war, nur um die Sache noch exotischer zu machen. Nusseis hätte mir gut gefallen, ich war mir aber nicht im Klaren darüber, ob darin ganze Nüsse enthalten waren.

Als ich bescheiden mein leckeres Vanilleeis auf der Zunge zergehen ließ, studierte ich weiter neugierig die Karte. Wie konnte es möglich sein, dass ein Eis wie eine Pizza aussah? Ich kannte bis dahin nur Pizzaböden aus Teig. Als nächstes fiel mein Blick auf ein Foto, auf dem Spaghettieis zu sehen war. Wo es Pizzaeis gab, sollte man sich über Spaghettieis nicht wundern. Ob es wohl auch Spiegeleiereis und Kartoffeleis gab?

Eines Tages stand ich wieder vor der Wahl, Eisdiele oder Café. Meine Freundin fragte mich: »Möchtest du Eis essen oder gehen wir Kaffee trinken?« Wer die Wahl hat, hat die Qual. Eigentlich war ich für Eis, aber Phillip war nicht dabei und ich fand es unfair, ohne ihn Eis essen zu gehen. Außerdem war das nette Café, in dem wir schon öfter waren, ganz in der Nähe.

Ich sagte zu meiner Freundin: »Cappuccino trinken, ok?« Sie hatte nichts dagegen. Kaffee hatte weniger Kalorien als Eis und sie achtete sehr auf ihre Figur. In dem Café saß meine Freundin immer gerne, weil genau drei Tische am Fenster zur Straße lagen und so konnte man viele Menschen beobachten, die da vorbei gingen.

Diese Tische waren allerdings meistens besetzt. Wahrscheinlich war meine Freundin nicht die Einzige, die gerne in einem Schaufenster saß. Viele Leute machten sich gerne zur Schaufensterpuppe, obwohl die meisten nicht so hübsch wie diese waren. Sandy erklärte mir, dass die meisten Leute bei schönem Wetter noch viel lieber auf einer Terrasse saßen, als in einem Schaufenster. Vielleicht wollten diese Menschen gar nicht die anderen beobachten, sondern viel lieber von denen gesehen werden, die gestresst vorbei liefen.

Meine Freundin jedenfalls liebte ihren Fensterplatz. Mir gefiel die Vorstellung nicht so sehr, dass die halbe Stadt meine Freundin kannte, weil sie so gerne in einem Schaufenster saß. Wenn ich einmal länger in dieser Stadt leben sollte, würde ich ein neues Stammcafé suchen, wo ich mir nicht vorkam wie ein Fisch in einem Aquarium.

Nun steuerten wir aber auf dieses Café zu. Ich war wieder mal mit Einkaufstüten beladen und kam mir vor wie ein Kleintransporter. Meinen Kaffee hatte ich mir redlich verdient. Wenn Sandy ihre Tüten selber hätte schleppen müssen, hätte sie bestimmt einen dreifachen Espresso gebraucht, um wieder zu Kräften zu kommen.

Ich freute mich immer, wenn wir Einkaufstüten füllten, aber das Schleppen wurde zur Tortour, sie wurden mit jedem Schritt schwerer. Nun konnte ich einen Cappuccino gut gebrauchen und endlich konnte ich die Tüten für einige Zeit loswerden. Die Sterne hatten Sandy wohl für diesen Tag ihre Unterstützung zugesagt, denn als wir auf das Café zugingen, wurde gerade ein kleiner Fenstertisch frei. Sie sagte hektisch: »Schnell, wir müssen uns beeilen.«

Mein Gott, das war die Herausforderung meines Lebens. Es war wie ein sportlicher Wettbewerb. Ich musste so schnell wie möglich den Tisch in Besitz nehmen. Ich musste zeigen, wie schnell und sportlich ich war und wie flexibel. In diesem Moment betraten ein Mann und eine Frau das Café. Sie schienen keine Bedrohung zu sein, sie gingen sehr langsam. Ich hörte meine Freundin sagen: »Ich bin gleich wieder da.« Das war wieder typisch; ich musste kämpfen und sie zur Toilette.

Mit einem letzten Sprint erreichte ich den begehrten Tisch. Ich war der Sieger. Für das andere Paar blieb jetzt nur noch ein großer runder Tisch in der Mitte des Cafés. Erleichtert ließ ich meine Tüten fallen, die Mission war beendet. Obwohl meine Freundin auf der Toilette war und nicht ich, fühlte ich mich sehr erleichtert. Ich hatte mich durchgesetzt und war schneller gewesen als die Deutschen.

In diesem Moment kam der Mann auf mich zu und lächelte freundlich: »Es macht Ihnen doch sicher nichts aus, sich an den großen Tisch in der Mitte zu setzen? Dies ist nämlich unser Stammplatz.« Er nahm unsere Tüten und brachte sie zu dem großen Tisch.

Kurz darauf kam meine Freundin zurück. Sie sah mich mit großen Augen an und fragte ironisch: »Sind wir hier mit jemandem verabredet, oder was?« »Wieso verabredet?« »Warum hast du den großen Tisch genommen? Ich dachte wir setzen uns ans Fenster.«

Ich musste Sandy wohl oder übel die ganze Story erzählen und sie schaute böse und verachtend zu dem anderen Paar, das bequem am Fenstertisch saß. Der Mann und die Frau bemerkten das gar nicht. Sie waren damit beschäftigt, abwechselnd in die Speisekarte und aus dem Fenster zu schauen.

Meine Freundin ließ nicht locker. Sie wollte wissen, ob ich denn gar nichts zu dem Mann gesagt hätte, als er meine Tüten nahm. Ich sah sie traurig an und antwortete: »Doch. Ich zu ihm sagen: Danke schön.«

Alles Müll, oder was?

Im Tourismus, wo ich arbeite, habe ich einen Mitarbeiter. Er heißt Kerim und er hatte auch eine deutsche Freundin, Nicole. Sie hatte Kerim einmal erklärt, dass er von Sauberkeit nichts versteht und die Deutschen in diesem Punkt ganz anders sind. Wenn Nicole bei uns in Urlaub war und bei ihm wohnte, ließ sie immer ihn die Wohnung sauber machen und in Ordnung bringen. Ich war wegen dieser Aussage immer beleidigt und hatte sie nie vergessen. Nun war ich gespannt zu sehen, wie ordentlich und sauber die Deutschen wirklich waren.

Weil Kerim irgendwann mit seiner Freundin Schluss gemacht hatte, oder sie mit ihm, hatte der Arme nie die Gelegenheit gehabt, diese Sauberkeit, wenn auch nur für zwei Wochen, wirklich zu erleben. Als ich auf dem Flughafen in Deutschland landete, musste ich an meinen armen unordentlichen Kumpel denken, der nun alleine in unserem chaotischen Büro saß.

Im Flughafen sah ich mich um und war nicht mehr beleidigt. Nicole hatte nichts als die Wahrheit gesagt. Alles war sauber, trotzdem reinigte ein Arbeiter auf einer Maschine den Boden. Das Auto meiner Freundin sauber, vor ihren Häuserblock alles sauber, der Hof sauber, der Parkplatz sauber. Die Wohnung sauber, der kleine Sohn sauber, sogar die Haustiere waren sauber. Die Freundin von Kerim hatte vollkommen Recht, als sie sagte, dass bei uns alles so unordentlich sei. Man konnte es ihr nicht übel nehmen. Ich hatte keine Ahnung wie viel Zeit die Leute hier brauchten, um alles so ordentlich zu machen und zu halten. War ich vielleicht in einer Stadt in der niemand arbeitete und jeder seine Zeit damit verbrachte Ordnung zu schaffen und zu putzen? Waren alle deutschen Flughäfen, Autobahnen, Städte, Straßen und Wohnungen so schön sauber, oder war ich nur zufällig in der richtigen Gegend gelandet?

Ich sagte zu meiner Freundin: »Wohnung sehr sauber.« Sie antwortete stolz und liebevoll: »Schön aufgeräumt, extra für dich.« Was meinte sie nun, als sie sagte sie habe für mich aufgeräumt? Bedeutete das, dass ich ab jetzt für das Sauberhalten der Wohnung zuständig war? Ihre strahlenden Augen deuteten aber auf keine Gefahr hin. Ich hatte schon viele Dinge in der Wohnung gesehen, die ich nicht identifizieren konnte und von denen ich nicht wusste, wofür sie geeignet waren.

Bei einigen Dingen würde ich schon herausbekommen wofür sie gut waren, bei anderen musste ich unbedingt Fragen. Ich wollte bei Sandy aber nicht den Eindruck erwecken, dass ich gerade vom Himmel gefallen war. Also besser die große Welle der Neugierde unterdrücken und nur tropfenweise rauslassen. Am nächsten Tag fragte ich meine Freundin: »Was diese da?« und zeigte dabei auf einen Plastikbehälter. Sie sah mich erstaunt an: »Das ist eine Mülltonne.« »Ach so« sagte ich. Ich wusste, das man ‚ach so' benutzt, wenn man sehr intelligent ist und eine Sache schnell versteht.

Ich fragte weiter: »Wofür diese?« »Das ist auch eine Mülltonne.« »Und die Ding daneben?« Sandy schüttelte sich vor Lachen. »Auch eine Tonne. Die eine ist für Papier, die daneben für Plastik und die dritte für Biomüll.« In der Küche war wenig Platz. Wieso musste man hier noch drei Müllbehälter unterbringen und was war Biomüll? Papier kannte ich seit meinen Kindertagen und auch Plastik war bei uns bekannt. Aber Bio? Wo wurde es wohl hergestellt und was machte man damit, bevor man es in den Müll warf? Mehr zu fragen wäre peinlich gewesen und so machte ich heimlich den Deckel der Biotonne auf. Ich sah grüne Streifen, die wie Gurkenschalen aussahen.

Meine Freundin stand hinter mir. »Dort kommen Reste und Schalen von Obst und Gemüse rein.« Ich sagte sofort: »Ach so.« Das war nun geklärt. Die anderen Deckel musste ich nicht anheben um zu wissen, was sich darunter verbarg, oder doch? Mir fiel plötzlich ein, dass ja auch Toilettenpapier zu Papier gehörte. Das hatte ich bis jetzt immer ins Klo getan. Also besser niemals in die Papiertonne gucken. Als Sandy merkte, dass mein Gehirn inzwischen voller Müllgedanken war erklärte sie. »Wir sortieren den Müll. Man darf nichts durcheinander bringen.« Ich dachte mir ‚dürfen' schon, aber wahrscheinlich hatten hier alle sehr viel Langeweile. Sonst würden sie sich sicher nicht so intensiv mit einem Thema wie Müll beschäftigen. Meine Freundin redet schon weiter: »Es gibt auch noch Sammelplätze z. B. für Glas und Textilien. Wir trennen das alles für die Umwelt.«

Später sah ich vor dem Block große Metallbehälter, jeder war beschriftet. Das sah ich mir genauer an. Es gab die Aufschriften Braungas, Grünglas, Weißglas, Altpapier und Umwelt.

Die Glascontainer hatten kreisrunde Öffnungen, für Altpapier und Umwelt gab es große Schlitze. Wieso gab es hier keine Container für Plastik und Bio und wieso hatte meine Freundin keine Mülltonnen für verschiedene Gläser in ihrer Küche? Vielleicht war es auch so, dass jede Hausfrau nach ihrem Geschmack und ihren Interessen die Tonnen für ihre Küche besorgte. Ob es auch Holz- und Ledertonnen gab? Hatte meine Freundin aus Platzmangel nicht noch mehr Behälter? Wenn man schon sortierte, sollte man es dann nicht ganz oder gar nicht machen?

In meinem Heimatdorf stelle man meist spät abends schwarze oder blaue Müllsäcke an die Straße. Besser war es, die Müllsäcke morgens rauszustellen. In der Nacht folgten häufig Katzen und Ratten dem verlockenden Duft der Mülltüten. Dann gab es so manche große Ratten- oder Katzenparty. Am Morgen lagen die Müllreste auf der ganzen Straße verstreut. Die schimpfenden Müllmänner sammelten höchstens die Hälfte auf, und man konnte den ganzen Tag die Reste riechen.

Niemand wäre bei uns auf die Idee gekommen, verschiedene Tüten für Plastik, Papier oder Bio vor die Tür zu stellen. Die armen Katzen mussten sich schon durch den ganzen Müll wühlen, um an die Fischreste zu gelangen. Das Müllpersonal kassierte inoffiziell jeden Monat Geld von jeder Familie. Der Betrag richtete sich nach der

Menge der Müllsäcke vor dem Haus. Wenn jemand das nette Personal nicht ordentlich bezahlte, bewachte der Müll oft tagelang die Haustür. Sollte er dann doch mal entfernt worden sein, schimpften die Müllmänner sowohl mit den Katzen als auch mit den Hausbesitzern.

In der Touristenstadt, in der ich arbeitete, sah die Sache ganz anders und moderner aus. Es gab wohl keine Mülltrennung, aber es gab am Ende der Straße große Container in denen man seinen Hausmüll entsorgen konnte. Allerdings musste man Glück haben oder schnell sein. Wer spät aufgewacht war, musste seine Tüten irgendwie neben den Behältern loswerden. Später am Tag kam dann ein LKW vorbei. Die zwei Leute, die mit dicken Handschuhen hinten am Auto hingen und die Container hinein hievten, blickten meist so bitter sauer, dass sich niemand getraut hätte ‚Hallo‘ zu sagen oder gar ‚Guten Tag‘ zu wünschen.

Hier in Deutschland war nun alles ganz anders. Ich lernte noch weitere Behälter kennen. Was ich nicht verstand war, dass man um die Ansammlung von Containern vor dem Block einen Metallzaun gezogen hatte, der nur mit einem Schlüssel zu öffnen war. Wieso schützte man hier den Müll? Bei uns war Müll eben Müll und man behandelte hin auch so. Hier existierte er in purem Luxus. Nicht nur ständig liebevoll voneinander getrennt, sondern auch noch vor Überfällen geschützt.

Ich brachte das Gespräch mit meiner Freundin wieder mal auf mein Lieblingsthema. Seufzend ging sie darauf ein. Nun erfuhr ich, dass es sogar Wohnblöcke gab, in denen man seine Restmülltüten in eine Öffnung im Treppenhaus stecken konnte, sie nannten es ‚Müllschlucker'. Die Leute hier mussten verrückt sein!

Einige Tage später hätte ich mir diese Technik allerdings sehnlichst gewünscht. Sandy fragte mich lächelnd: »Kannst du bitte den Müll runter bringen, mein Schatz?« Ich sagte sehr schnell »Ja.« Das war ein Fehler. Wie würden mich die Leute ansehen, einen Ausländer, dem man solch niedrige Arbeiten zumutete? Außerdem handelte es sich hier nicht um gewöhnlichen, sondern um organisierten Müll und ich würde mindestens einen vierwöchigen Lehrgang benötigen um zu wissen, was man wo entsorgen musste. Ich ging also zur Tür, in einer Hand zwei Tüten und in der anderen drei leere Flaschen, deren Inhalt ich genüsslich ausgetrunken hatte. Nun sollte ich die Reste wegschleppen. Es waren zwei helle und eine grüne Flasche. »Vergiss den Schlüssel nicht, Schatz« hörte ich meine Freundin hinter mir rufen. Ich hatte nicht das Gefühl ein Schatz zu sein, die wirklichen Schätze sollte ich nach unten tragen. »Alles klar.«

Ich nahm den Schlüssel für die Müllsperrzone vom Haken und verließ die Wohnung. Unten angekommen ging der Stress richtig los. Ich stand vor den Containern und wusste nicht was ich tun sollte. Mit der grünen Flasche war es ganz einfach, aber was war mit den beiden anderen? Weiß waren sie nicht. Wenn ich sie nun in den Weißglascontainer werfen würde, würde dann eine Sirene laut anfangen zu heulen? Ich blickte mich um und da ich alleine war, ging ich das Risiko ein. Ich warf die Flaschen mit ganzer Kraft in die Öffnung, aber zu meiner Enttäuschung zerbrachen sie nicht. Jetzt hatte ich das nächste Problem in der Hand. War die letzte Flasche wirklich grün oder schimmerte sie in der Sonne nicht doch etwas braun? Ich entschloss mich für den Braunglascontainer.

Nun fiel mein Blick auf einen großen Mann mit grauen Haaren. Den hatte ich dort schon einige Male gesehen. Sollte ich ihn fragen, was ich mit den beiden Tüten zu tun hatte? Nein, das war zu peinlich. Also erstmal einen Blick rein werfen. Es war alles Mögliche drin. Vom Sortiment her passte es weder zum Altpapier noch zum Plastikmüll. Ich hatte schon wieder ein Problem. Sollte ich die Beutel einfach in den Altpapiercontainer werfen? In den Schlitz hätte ich sie bestimmt rein bekommen, aber das war sicher strafbar.

Da kam mir die rettende Idee, als mein Blick auf die Umwelttonne fiel. Dort war unser Müll bestimmt richtig untergebracht. Als ich gerade die erste Tüte entsorgte hörte ich den Mann hinter mir: »Was machen Sie da, junger Mann?« Ich sah ihn an, wie das Kaninchen einen Fuchs. Was wollte er von mir? »Mein Tüten keine Glas, keine Papier.« Er versuchte meine Tüten aus der Tonne zu angeln, sie lagen aber zu tief unten. Jetzt wurde er sehr ernst. »Sie haben Restmüll in den Umweltbehälter geworden, das dürfen Sie nicht. Ihr Müll gehört dort hinten hin.« Ich folgte seinem ausgestreckten Finger, der in Richtung mehrerer großer, grüner Behälter, die innerhalb der ‚Sperrzone' standen, zeigte. Was sollte ich antworten? Sollte ich sagen, dass wir gute Menschen seien, und meine Freundin drei Müllbehälter in ihrer Küche beherbergte, darunter sogar einen für Plastik? Ich sagte: »Keine Problem.« Die zweite Tüte würde ich also weiter hinten entsorgen.

Das hatte der Mann gründlich missverstanden. »Doch das ist ein Problem. Das dürfen wir nicht. Wir müssen an unsere Kinder denken. Das ist für unsere Kinder.« Er sprach so, als ob er die Umweltverantwortung für die ganze Welt trug. Dann ging er langsam und nachdenklich weiter. Ich wollte ihm sagen, dass es hier um unseren Müll geht und nicht um seinen und dass ihn unser Müll überhaupt nichts angeht.

Überhaupt, ich hatte keine Kinder die von unserem Müll etwas bekommen konnten und Phillip war viel zu klein, um damit etwas anzufangen. Der Mann dachte bestimmt an seine eigenen Kinder. Was hatten wir damit zu tun? Wir hatten alles gekauft und verbraucht und die Reste entsorgt. Was wollte er mit unserem Müll für seine Kinder anfangen? Wenn sie bis jetzt nichts erreicht hatten, konnten sie von den zwei Tüten auch nicht sonderlich profitieren. Weil sich der Mann aber so große Sorgen um seine Kinder machte, empfand ich plötzlich Mitleid mit ihm.

Ich ging also zu den großen grünen Tonnen mit den großen Klappen und betrat nach Öffnen des Schlosses die ‚Müllsperrzone'. Alle Behälter hier waren aus Plastik und enthielten die Aufschrift ‚Keine heiße Asche einfüllen'. So etwas hatte ich auf den Metalltonnen nicht gesehen, obwohl in einigen von ihnen sogar Altpapier gesammelt wurde. Dann ging es also gar nicht um den Müll, sondern man durfte keine heißen Sachen rein tun, um die Plastiktonne nicht zu verbrennen. Ach so! Auf einmal war der wertvolle Müll nicht mehr so wichtig wie die Plastiktonne.

Nun fiel mein Blick auf etwas, was ich kaum glauben konnte. Auf einer kleineren Tonne stand ‚Wertstoffe'. Es reichte den Leuten nicht, dass sie ihre Klamotten und Schuhe wegwarfen. Wenn ich das richtig verstanden hatte, war die Tonne hier für Wertsachen. Ich konnte mir vorstellen, dass die Tonne voll war mit alten Uhren, gebrauchten Ringen und Armbändern, Ohrringen, zerrissenen Ketten und ähnlichen Dingen. Deshalb war wahrscheinlich manchmal ein alter Mann hier drin. Er suchte bestimmt nach diesen Dingen. Danach stieg er in seinen alten Trabbi und fuhr weiter zu den Orten, wo bestimmt auch eine Menge Wertstoffe auf ihn warteten.

»Das war bestimmt der Hausmeister« sagte Sandy, als ich ihr von dem Mann erzählte, der mit unserem Müll die Zukunft seiner Kinder plante. »Der hat Recht« sagte sie »und außerdem ist er ein sehr netter Mensch.« In der folgenden Nacht träumte ich nur von Müll und mitten darin stand eine große Truhe die voll mit glänzendem Schmuck war. Dann sah ich Phillip auf seinem kleinen Kinderfahrrad. Daran angebunden war mit einem Seil diese Truhe. Jedes Mal wenn ein Schmuckstück raus fiel, schimpfte der Hausmeister. Nie in meinem Leben hatte ich so einen Müll geträumt! Ich nahm mir vor, in Zukunft den Müll ganz ordentlich zu trennen und immer zu gucken, ob der Hausmeister in der Nähe war, der sich so große Sorgen um die Zukunft seiner Kinder machte. Ich überlegte was er wohl mit seiner karottenfarbigen Hose machte, wenn die mal nicht mehr zu gebrauchen war. Gehörte die in den Altkleiderbehälter oder doch eher in die Biotonne?

Die Gedanken an das Thema verblassten in der nächsten Zeit und zwar bis zu dem Tag, als ich wieder den Müll raus bringen musste. Meine Freundin hatte Frühschicht. Sie konnte nicht noch mehr Urlaub nehmen. Im Monat darauf wollte sie mich besuchen und dafür brauchte sie jeden Tag. Phillip war im Kindergarten und ich gönnte mir erst einmal ein königliches Frühstück. Kaffee, Säfte, Käse, Ei, Honig und Marmelade und hinterher Bananen und Äpfel. Dabei versuchte ich so wenig Müll wie möglich zu produzieren und sortierte ihn ordentliche in die drei vorhandenen Behälter. Nun erinnerte ich mich an die Bitte meiner Freundin. Ich nahm also die beiden vollen Tüten, den halbvollen Sack und die grünen Flaschen. Dann suchte ich am Schlüsselbrett nach dem Schlüssel für den Müllkäfig und verließ anschließend die Wohnung.

Vor der Haustür blieb ich wie angewurzelt stehen. Was war denn hier passiert? Ich traute meinen Augen nicht. War ich wirklich noch in Deutschland, war über Nacht eine Revolution ausgebrochen? Ich sah die Straße entlang, vieles sah eigentlich ganz normal aus. Die Autos fuhren wie jeden Tag. Ein paar Leute warteten auf der gegenüber liegenden Straßenseite gelangweilt auf den Bus. Was aber ganz und gar nicht normal aussah, war der Müll. Neben den Tonnen war ein großer Haufen zu sehen, in dem viele Sachen waren, die man noch hätte gebrauchen können. Ein Bett, ein Fernseher, ein kleines Fahrrad, zwei Stühle und ein Plastiktisch, kleine Schränke, ein rotes Sofa und viele andere Kleinigkeiten, die noch sehr nützlich aussahen. Was war hier los? Ich näherte mich langsam und vorsichtig dem großen Haufen. Nun konnte ich sehen, dass vor dem Häuserblock um die Ecke auch so ein Haufen lag. Er bestand auch aus Möbeln und anderen nützlichen Dingen. Waren die Leute über Nacht alle wahnsinnig geworden? Warum achteten sie nicht mehr auf ihre guten Sitten; warum war alles so chaotisch geworden? Da fiel mein Blick auf die Ampel in der Straße. Sie leuchtete noch und diesmal sogar grün. Es war doch noch nicht alles verloren!

Aber was hatten all diese Möbel auf sich? Vielleicht hatte ein Vermieter die Mieter, die ihre Wohnung nicht bezahlen konnten, rausgeschmissen und einfach mit ihrem Eigentum auf die Straße gesetzt. Bei diesem Gedanken wurde ich plötzlich ganz traurig. Ich sah aber komischerweise keine heulenden Frauen, die ihre Kinder auf den Armen hielten und keine verzweifelten und deprimierten Männer, die neben ihren Möbeln vor den Mülltonnen warteten. Waren die vielleicht gerade weggegangen, um einen LKW zu besorgen, der ihre Sachen abholte? Hier sah es momentan jedenfalls nicht aus wie in dem Land, das Kerims Freundin beschrieben hatte. Sie war bestimmt nie in dieser Stadt gewesen. Die waren hier nur ordentlich, wenn es sich um ein Stück Papier, eine Flasche oder eine alte Batterie handelte. Aber einen großen Kühlschrank stellten sie einfach an die Straße, war gar kein Problem!

Wo war denn der Hausmeister, der wegen der Zukunft seiner Kinder fast geheult hatte? War es nun egal und sie mussten mit großen Augen und offenen Mündern zusehen, wie ihre goldene Zukunft zerrann? Plötzlich konnte jeder alles dort hinwerfen, wo er wollte. Ich ging langsam zu dem Kühlschrank und öffnete die Tür. Zu meinem Erstaunen waren keine Lebensmittel drin. Hier konnte wohl jemand auf einen ganzen Kühlschrank verzichten, aber nicht auf zwei Becher Joghurt. Ich ließ die Tür offen und ging langsam weiter. Was da noch alles rum lag, sogar ein großer Topf. Der sah noch ganz gut aus und schien nicht kaputt zu sein. In einem Land, wo die Menschen Wertsachen wegwarfen, war ein heiler Topf natürlich kein Problem.

Nun hatte ich endgültig keine Lust mehr, meine Tüten zum Müllkäfig zu schleppen. Ich stellte sie einfach zu den anderen Sachen dazu. Warum sollte ich zu den Containern gehen, wenn hier sowieso das Chaos ausgebrochen war. Die grünen Flaschen hatte ich immer noch in der Hand. War jetzt aber auch egal, ob sie weiß, braun oder grün waren. Ich wollte sogar auf den Spaß verzichten, sie beim Entsorgen kaputt zu kriegen. Also stellte ich sie neben die Tüten, die sich an den Kühlschrank mit der offenen Tür gelehnt hatten.

Dann fiel mir spontan etwas ein. Ich guckte nach links und rechts. Niemand war zu sehen. Ich nahm eine der Flaschen bis in Kopfhöhe und ließ sie auf den Betonboden fallen. Es war ein herrliches Geräusch. Als ich mich umdrehte, sah ich plötzlich die zitternden Lippen und weit aufgerissenen Augen im Gesicht des Hausmeisters mit den Karottenhosen. Dann wurde es schwarz um mich herum.

Telefonzelle

Manchmal ist man gezwungen, Sachen zu tun, die man gar nicht mag oder nicht so lustig findet. Manchmal muss man in der Höhe arbeiten, obwohl man nicht schwindelfrei ist. Es gibt Menschen, die Angst vor bestimmten Räumen haben und sie trotzdem manchmal betreten müssen. Bei mir war es aber ganz anders. Ich brauchte nicht während meines Urlaubs in Deutschland Hochhäuser anzustreichen, musste auch nicht in eine Grube fahren, um Kohlen herauszukratzen. Meine Freundin hatte die Miete bereits gezahlt und die Wohnung war geheizt. Ich hatte hier bis jetzt auch noch keine Fenster geputzt, was noch kommen konnte, und auch von der Gartenarbeit war ich bis jetzt verschont geblieben. Außerdem hatte ich sowieso keine Angst vor Höhen oder Tiefen.

Die Sache hatte angefangen, als ich noch zuhause zur Grundschule ging. Ich hatte eigentlich keine Angst. Ich hatte nur ein 'murmeliges' Gefühl wenn ich diese Metallkisten betreten musste. Dieser Blechkäfig war nicht einmal hoch oder tief gelegen. Meine Murmelkiste lag genau auf der ebenen Erde. Allerdings war es nicht immer so gewesen, als Kind bewunderte ich dieses gelbe Metallgehäuse wie eine Zauberkiste. Eine von diesen rätselhaften Kisten war eine Straße von unserem Haus entfernt. Mein Bruder und ich hielten uns öfter darin auf, wenn sie nicht gerade von Jungen aus der Nachbarschaft oder Leuten, die wirklich telefonieren wollten, besetzt war. Es gab dann immer Streit, wer den Hörer halten und das Freizeichen hören durfte. Wenn er den Hörer in der Hand hatte, zog ich solange an der Schnur und störte ihn so sehr bei seiner Scheinunterhaltung, dass er mir genervt und böse den Hörer überließ. Wenn ich dann an der Reihe war, schrie er mir solange in die Ohren, dass ich mein eigenes Wort nicht verstehen konnte. Ich wusste nicht was ich rede, ich wusste nur mit wem, nämlich mit mir. Solche Telefongespräche dauerten meist so lange, bis wir von anderen Jungen aus der Nachbarschaft vertrieben wurden und beleidigt das Feld räumen mussten.

Natürlich lauerten wir in der Nähe auf die nächste Gelegenheit. Was wir uns aber auf keinen Fall gefallen ließen war, dass Jungen aus einer anderen Straße in unserer Telefonzelle spielen wollten. So etwas war tabu; sollten sie doch in ihrer eigenen Straße telefonieren! Wenn sich eine Gruppe an unsere Zelle heranwagte, kam das einer Kriegsmeldung gleich. Dann hielten wir mit den Nachbarjungen zusammen, mit denen wir noch vor ein paar Minuten gestritten hatten und kämpften zusammen gegen die anderen Jungen und entfernten diese frechen Fremdkörper von unserem gelben Metallkasten. Manchmal hatten wir Glück und einer unserer älteren Brüder war in Nähe. Dann geschah alles ganz schnell und die Eindringlinge verschwanden. Es passierte aber auch, dass jemand wirklich telefonieren wollte und mit uns allen schimpfte, dann mussten wir uns gekränkt und unzufrieden zurückziehen.

Meine unangenehme Erfahrung und meine Verletzung kamen allerdings nicht von den Streitereien mit den anderen Jungen. Ich wurde von der eigenen Front getroffen. Das kam so: Mein Bruder machte eines Tages den Vorschlag, doch mal ein richtiges Telefongespräch zu führen. Dafür brauchten wir vor allem zwei Dinge: Geld und Telefonnummern. Jeder sollte einen Teil seines Taschengeldes dafür hergeben. Das Problem, Telefonnummern zu besorgen, war ganz leicht zu lösen. Am nächsten Morgen hatte ich bereits zwei davon. Die erste war von einem Teehaus, das in der Nähe unseres Hauses lag und ich hatte die Nummer aus dem Schaufenster abgeschrieben. Die andere Nummer war von einem Kaufhaus. Für diese Nummer hatte ich am Tag zuvor einen langen Spaziergang absolviert. Auch mein Bruder hatte einige Nummern zusammengestellt, machte daraus aber ein Geheimnis. Das zweite Problem war finanzieller Art. Wir bekamen jeden Morgen von unserer Mama Taschengeld, das war aber immer schon verplant. Diesen Punkt auf dem Weg zur Schule haben wir niemals ausgelassen: den Laden von Herrn Onkel Hamid. Dort gab es die leckersten Sachen der Welt zu kaufen, die wir eigentlich für die Pause kauften, oft aber schon auf dem Weg zur Schule verspeisten. Sollte doch mal etwas übrig geblieben sein, dachten wir während des ganzen Unterrichts daran. An diesem Tag wollten wir unser Taschengeld aber für einen anderen interessanteren Zweck ausgeben.

Wenn wir es schaffen würden, den Laden von Onkel Hamid hinter uns zu lassen, würde unserem Telefonprojekt nichts mehr im Wege stehen. Als wir in der Nähe des Ladens waren, merkte ich, wie die harten Knochen meiner Beine mit jedem Schritt weicher und weicher wurden und mich doch in den Laden führen wollten. Ich zwang meine Beine vorbei zu gehen, als mein Bruder mir befahl, einen kleinen Moment auf ihn zu warten. Ich wollte am liebsten laut heulen, als ich ihn aus dem Laden kommen sah, mit einem großen Keks in der Hand. Er entfernte die Plastikhülle so schnell wie die Schale einer Banane und steckte gleich drei Viertel des Kekses in den Mund. Das Papier ließ er achtlos zu Boden fallen, es lag sowieso genug Müll herum. Er steckte mir den Rest zu und sagte: »Das reicht uns für heute. Dein Geld brauchen wir zum Telefonieren.« Ich war nicht sicher, ob ich den Keksrest nehmen oder meinen Beinen erlauben sollte, den Laden zu betreten, um mir selber einen Keks zu kaufen. Ich nahm doch halbherzig den kleinen Teil, er fiel aber auf den staubigen Boden vor dem Laden von Herrn Onkel Hamid. Mein Bruder schimpfte, hob den Keksrest auf, putzte den Staub ab und sagte: »Wenn du keinen Appetit hast, nehme ich ihn.« Als er mich anstieß um weiterzu- gehen, gehorchten meine Beine seinem Befehl.

Minuten später standen wir in der gelben Kiste und stellten unsere Schultaschen auf den verrosteten Metall- boden. Ich lockerte vorsichtig die Faust, die in meiner Hosentasche mein Geld voll im Griff hatte, und holte unglücklich eine der beiden Lieblingstaschengeldmün- zen heraus. Noch unglücklicher gab ich sie meinem Bruder, der schon ganz heiß darauf war. Als er die un- ersättliche Maschine fütterte, schnappte ich den Hörer und presste ihn fest an mein Ohr und an die Lippen. Meine arme Münze wurde von dem Mund der Maschine geschluckt und wanderte zu ihrem dicken Metallbauch.

Gleich verwandelte sich das Piepen an meinem Ohr zu einem melodiösen Freizeichen. Ich war so nervös, dass ich vergaß, meine Telefonnummer, die ich besorgt hatte, rauszuholen und meinem Bruder zu geben. Er guckte auf seinen kleinen, mit Bleistift geschriebenen Zettel und drückte hintereinander die magischen Knöpfe. Mit jedem Knopfdruck hörte ich ein Piepen und gleichzeitig meinen Bruder, der mich drohend aufforderte, ihm den Hörer zu geben. Ich hörte zweimal ein kurzes Klingeln und dann die schöne Stimme einer Frau am anderen Ende der Leitung. Ich war so aufgeregt, dass ich nicht verstehen konnte was sie sagte.

Mein Bruder zog verärgert und mit seiner ganzen Kraft am Hörer. Ich wollte aber auf keinen Fall aufgeben und hielt ihn ganz fest. Es war letztendlich mein Geld, das in dem dicken Bauch des Taschengeldfressers gelandet war und nicht seins; ich hatte also das absolute Recht, das Gespräch zu genießen. Sehr schnell und unerwartet legte die Frau mit der schönen Stimme auf und ich merkte, wie sich meine Münze von dem Magen der Maschine in Richtung ihres Darms bewegte. Als mein Bruder merkte, dass das Gespräch unterbrochen war, zog er wieder heftig am Hörer, den ich immer noch fest umklammert hielt. Dann ließ er ihn los und wo konnte der Hörer landen?

Natürlich nirgendwo anders, als auf dem idealen Weich- und Hartplatz; auf meinen Lippen und Zähnen. Erst konnte ich nicht begreifen, was passiert war. Als aber die tropfenden roten Punkte auf meiner Tasche mehr und mehr wurden, war mir klar, dass ich jetzt bestimmt einen

Zahn weniger haben würde, als noch vor ein paar Minuten. Das sah auch mein Bruder durch meine gespaltenen Lippen. Er war ganz gelb geworden und hatte die Farbe der Telefonzelle angenommen. Ich ließ den Hörer los, verließ schreiend den gelben Raum und machte mich auf den Weg nach Hause. Als ich mich ein paar Schritte entfernt hatte, hörte ich die Stimme meines Bruders, der mir drohte. Er wollte nie wieder ein Wort mit mir reden, wenn ich unserer Mama erzählen würde, was geschehen war. Ich sah mich heulend und schreiend um und sah ihn sehr traurig mit unseren beiden Taschen vor der Telefonzelle stehen. Als ich blutend und weinend bei Onkel Hamid vorbeikam, folgte ich dieses Mal meinen Beinen, ging in den Laden und holte mir einen großen Keks. Gott sei Dank hatte der nette alte Mann Mitleid mit mir und ich brauchte meine letzte Münze nicht auszugeben. Seit dieser Zeit konnte ich Telefonzellen nicht mehr leiden und hatte auch nie mehr eine betreten.

Eins wollte ich aber immer von meinem Bruder wissen und zwar, welche Nummer er an jenem Tag gewählt hatte. Ein paar Jahre später erzählte er mir, dass er sich damals die Telefonnummer eines Krankenhauses ausgesucht hatte. Die Idee war eigentlich gar nicht so schlecht. Besser wäre es allerdings gewesen, sich erst den Zahn auszuschlagen und dann im Krankenhaus anzurufen und nicht umgekehrt. Stattdessen hatte meine Mutter, die nichts weniger schätzte als Ärzte, an jenem Tag meine Wunden versorgt. In unserem Haus war sie die Hausärztin und sie war von ihren Fähigkeiten überzeugt. Dass sie den ganzen Tag mit mir geschimpft hatte, versteht sich von selbst.

Seit diesem Erlebnis hasste ich einfach Telefonzellen und wenn ich später telefonieren musste, tat ich das immer in Geschäften. Dann brach die Zeit an, wo bei uns mehr und mehr Leute ein Handy besaßen, natürlich auch ich. Als ich nach Deutschland flog, nahm ich es natürlich mit. In meiner Heimat waren Handys total angesagt und meins wurde ein Körperteil von mir. Ich schützte es, in einer schicken schwarzen Ledertasche, die an meinen Gürtel gebunden war, vor Staub. So konnte ich es nicht verlieren, niemand konnte es klauen und ich konnte es wie eine Pistole immer sofort ziehen, wenn ich es brauchte. Mein Handy war nicht das Beste, aber doch besser als viele andere.

Als ich deutschen Boden betrat, machte ich das gute Stück sofort wieder an. Ich musste leider feststellen, dass all die kleinen Striche auf der linken Seite verschwunden waren; kein Empfang! Ich war sehr enttäuscht und ärgerte mich darüber, dass die Deutschen so primitive Satelliten hatten, die unser Netz nicht empfangen konnten. Dabei hatten sie so tolle Handys. Meins sah dagegen aus, wie ein Baguette mit einer Antenne; ich versteckte es schnell.

Vor der Abreise hatte ich meinen Eltern gesagt, dass sie mich unter meiner Handynummer erreichen könnten, wenn etwas Wichtiges passieren sollte. Sicherheitshalber hatte ich auch die Festnetznummer meiner Freundin hinterlassen, wo sie mich im Notfall abends erreichen könnten.

Nachdem ich eine Woche in Deutschland war und fast vergessen hatte, dass ich eine Mutter habe, fiel mir ein, dass ich sie anrufen sollte. Sie hatte mir gesagt, dass ich mich unbedingt melden sollte, wahrscheinlich hatte auch sie schon verzweifelt versucht, mich auf dem Handy zu erreichen. Das Festnetz wollte sie bestimmt nicht benutzen. Sie hätte sich meiner Freundin nicht verständlich machen können. Sie sprach weder deutsch noch englisch, sondern nur ihre Muttersprache, die gleichzeitig meine Omasprache war. Nun also wollte ich Mama anrufen; bloß wie? Meine Freundin hatte mir die Benutzung ihrer Telefone verboten, sie sagte: »Viel zu teuer. Es gibt aber eine andere Möglichkeit mein Schatz, es gibt hier Telefonzentren, da kann man günstig ins Ausland telefonieren.«

Gesagt, getan. Sandy fuhr mich zu so einem Zentrum, kam sogar mit rein und wartete die gute halbe Stunde, die ich mit meiner Mutter telefonierte. Meine Mutter wollte das Gespräch lange nicht beenden und erst nachdem ich ihr nochmals versichert hatte, dass es mir gut ginge und ich nochmals anrufen würde, gab sie auf und ich konnte auflegen. Ich durfte allerdings nicht vergessen, ein schönes Geschenk für sie mitzubringen. Wie schön, in einem Telefoncenter konnte ich also preiswert und ohne unangenehme Zellenaufenthalte telefonieren.

Das Ende meines Deutschlandurlaubs rückte näher und ich bereitete mich langsam auf die Reise in die Heimat vor. Wieder hatte ich vergessen, meine Mutter anzurufen. Ich würde ihr ein paar Kleinigkeiten mitbringen und dann würde sie bestimmt meine Herzlosigkeit verzeihen. Ich wollte auch noch anderen Leuten etwas mitbringen; die größte Kleinigkeit sollte aber für meine Mutter sein.

Die nächste für meinen Vater und so wurden die Kleinigkeiten immer kleiner. Besser eine kleine Freude, als gar keine. Ich zählte den Inhalt meines Portmonees, viel war es nicht. Wichtig war, dass ich Sachen »Made in Germany« kaufte, möglichst mit deutscher Schrift und deutschen Namen. So dachte ich an Kugelschreiber, Bleistifte, Radiergummi oder auch Feuerzeuge und Streichhölzer. Was meine Kumpels betraf, so konnte ich mit einer Schachtel deutscher Zigaretten zwanzig Leute glücklich machen. Vielleicht auch welche darunter, die gar nicht rauchten, sondern nur eine Zigarette aus meiner Schachtel ziehen würden, um daran zu riechen. Das Geld war also knapp und von meiner Freundin wollte ich nichts borgen, obwohl sie mir sicher etwas geliehen hätte. Ich wollte aber nur kaufen, was ich mir selbst noch leisten konnte. Also erst mal was Schönes für meine Mutter besorgen, sonst bekäme ich in Zukunft bestimmt Dauerauslandsverbot.

Ich zog meine Klamotten an und sagte zu meiner Freundin, die Phillip beim Duschen half: »Ich bisschen spazieren.« »Was jetzt? Ich hatte dir gesagt, wir gehen zu meiner Mutti.« »Ok, halb Stunde oder eine Stunde ich komme.« »Na gut, dann komm nicht so spät.« Als ich mir die Schuhe anzog sagte ich: »Alles klar, Schatz« und fand dabei das Wort ‚Schatz' wieder mal sehr lustig.

Das Wunderbare an Deutschland war, dass man seine Schuhe nicht jeden Tag putzen musste. Bei uns musste man die Schuhe immer vor und nach dem Anziehen wegen des Staubs bürsten. Eine Schuhbürste in der Hosentasche war nicht verkehrt. Hier waren meine Schuhe also sauber, aber nicht mehr so schön wie vor etwa zehn Tagen. In den letzten Tagen war ich zuviel spaziert. Wenn ich meine Schuhe ihrem Verkäufer zeigen würde, er würde sie bestimmt nicht mehr erkennen. Ich hatte die Schuhe vor meinem Urlaub gekauft und jetzt sahen sie aus, als ob sie nicht auf die deutschen Ampeln geachtet hätten und von einem Auto überfahren worden wären. Man konnte sie auch mit einem Baustellenarbeiter vergleichen, der seine Papiere zur Behörde brachte, um früh in Rente zu gehen.

Also schnell in den treuen Schuhen zu den nächstgelegenen Geschäften, um kleine Geschenke zu kaufen. Meine Schuhe brachten mich flott voran, stoppten vor jeder roten Ampel und sobald das grüne Licht auf sie leuchtete, marschierten sie weiter. So alt und müde sie auch aussahen, sie standen immer noch treu in meinem Dienst. Bald war ich vor den Geschäften, die zu dieser Zeit viele Menschen in sich reinschluckten, und sie, beladen mit Tüten, später wieder ausspuckten. Ich war im Gegensatz zu denen keine leichte Beute. Ich ging an mehreren Geschäften vorbei und überlegte die ganze Zeit, was ich an Geschenken kaufen sollte. Eine große Drogerie lockte mich an, in der ich zuvor schon mit meiner Freundin eingekauft hatte. Inzwischen hatte ich auch meine Angst verloren, ein Geschäft zu betreten.

Zu beiden Seiten des Eingangs waren zwei Metallfüße installiert, sie hatten ähnliche Lampen wie Autoblinker. Sandy hatte mir, als wir das erste Mal hier waren, erzählt, dass das Alarmanlagen sind. Praktisch ein Schrecksystem für diejenigen, die nicht genug Geld für ihre Wünsche hatten. Diese Türsteher an beiden Seiten erinnerten mich an unsere Vogelscheuche. Die Rabenscheuche in unserem Garten war allerdings nicht so modern angezogen wie die deutschen Vogelscheuchen; und elektronisch war sie ganz und gar nicht, wie die Gestalt hier. Unsere bestand aus zwei aufeinander gekreuzten Holzstücken, die mit einer Schnur verbunden waren. Wir kauften die Vogelscheuchen nicht in einem Baumarkt, sondern wir wurden von den Vögeln inspiriert. Die in unserem Garten hatte eine alte Jacke, eine kurze karierte Hose und einen Schal um den Hals, der im Wind wehte. Wahrscheinlich verwüsteten die Raben unseren Garten gerade wegen dieses Schals. Jeder noch so blöde Vogel konnte sich vorstellen, dass kein echter Mensch bei so einer Hitze einen Schal tragen würde.

Diese Gestalt hier konnte also die Menschen mit ihren Waren in den Tüten durchlesen. Das Gefühl, dass ihre Strahlen meinen Körper durchqueren könnten, störte mich weniger als die Angst, dass sie vielleicht wissen könnte, wie wenig Geld ich in der Tasche hatte.

Nun wollte ich also interessante und preiswerte Geschenke kaufen. Die Regale waren voll von Cremes, Schampon, Zahncreme, Zahnbürsten und vielem mehr. Ich ging zum Zahnpastaregal und suchte nach Tuben mit großer, bunter, deutscher Schrift. Ich dachte, das wäre gar keine schlechte Idee. Der Beschenkte würde sich, solange er sich damit die Zähne putzte, an den großzügigen Schenker erinnern und später würde die leere Tube zu Dekorationszwecken in einem Schrank landen. Ich nahm extra Zahnpasta mit Kräutern, dann würde das Frischegefühl den Beschenkten den ganzen Tag an meine Deutschlandreise erinnern.

Ein Parfum hätte den Zorn meiner Mutter voll gelöscht, war aber zu teuer. Ein Deo würde die Wut kühlen und war bezahlbar. Also drängelte ich mich, wie viele andere Leute auch, suchend durch die Regale. Eine Verkäuferin war gerade dabei, neue Ware in die Regale zu räumen. Sie sah ernst aus und in ihren weißen Klamotten wirkte sie wie eine Krankenschwester. Wenn sie ein bisschen älter und bebrillt gewesen wäre, hätte ich sie für eine Ärztin gehalten. In ihre schönen blonden Haare hatte sie so viel Gel getan, dass ich dachte, entweder bezahlen die Mitarbeiter für die Waren den halben Preis, oder die Alarmanlage macht ein Plastikauge zu, wenn sie den Laden mit Tüten verlassen. Ich sah sie gleichzeitig an und nahm verschiedene Deos in die Hand. Das Unglück nahm seinen Lauf. Wie von einem Team der versteckten Kamera vorbereitet, fielen viele Dosen hintereinander um und landeten laut krachend auf dem Boden. So etwas konnte wieder nur mir passieren. Wenn in diesem Moment eine gute Fee erschienen wäre und mich nach meinem einzigen Wunsch gefragt hätte, so wäre ich am liebsten in einem tiefen Loch verschwunden.

Ich sah mich vorsichtig um. Eine ältere Frau schaute mich und die laut tanzenden Deo-Dosen kopfschüttelnd an, ging dann aber weiter. Ich blieb mit der Verkäuferin allein, die langsam auf mich zukam. Ich wusste was jetzt passieren würde. Sie würde ohne Punkt und Komma reden und mich mit ihren Schimpfsalven durchlöchern. Ich ließ die Dosen liegen und bereitete mich innerlich auf einen einseitigen Streit vor. Sie kam mit ihrem ernsten Gesicht auf mich zu und sagte: »Ist kein Problem. So was kann ja mal passieren.« Ich konnte es nicht begreifen, sie schien wirklich kein Problem mit meinem Missgeschick zu haben sondern fing an, die Dosen ins Regal zurückzustellen. Ich sagte schnell: »Sorry. Danke! Danke!« Plötzlich war ich sehr froh, dass ich einen Freiwunsch an meine Fee nicht sinnlos verschwendet hatte.

So zog ich weiter durch die Regale. Mir war gerade eingefallen, dass ich noch Ersatzköpfe für meine elektrische Zahnbürste brauchte, die würde ich zuhause bestimmt nicht bekommen. Diese Köpfe waren nicht viel billiger als die normale Zahnbürste, die ich vor einigen Tagen gekauft hatte. Egal, ich packte einen in meinen Einkaufskorb und ging zur Kasse. Diese Nummer kannte ich nun schon; ruhig und brav in der Schlange warten, dann alle Waren auf das Band legen und der Kassiererin das Portmonee geben, damit sie die richtige Menge Geld nimmt. Heute war ich mutig und sagte: »Tüte geben, bitte.« Ich packte die Einkäufe in die Tüte und wollte den Laden verlassen. Ich hatte immer noch das Bild der netten Frau im Kopf, die für mich die Dosen aufgesammelt hatte. In diesem Moment wurde ich von einer lauten Sirene aus meinen Gedanken gerissen und ich sah die drohenden Blinker der Alarmanlage hinter mir aufleuchten. Die Sirene heulte so traurig und dramatisch, als ob jeden Moment das gesamte Geschäft in Flammen aufgehen würde. Ich war schon schockiert; Angst hatte ich aber nicht, ich hatte schließlich nichts verbrochen.

Ich war schon längst draußen und wollte nach Hause, als ich merkte, dass eine Verkäuferin hinter mir herlief. Sie meinte wirklich mich! Automatisch fing ich an zu laufen, sie kam hinterher. Ich wusste nicht warum, aber es sah nicht gut für mich aus. Waren die umgefallenen Deo-Dosen vielleicht der Grund für diese Aktion? Egal, ich lief schnell weiter, bog links ab und wollte über die Straße laufen. Als ob ich es geahnt hätte, genau jetzt wurde die Ampel rot. Es war einfach mein Schicksal, immer roten Ampeln zu begegnen. Wenn ich jetzt losgelaufen wäre, hätte ich gegen die mir folgende Verkäuferin eine Chance gehabt, aber nicht gegen die Autos. Die arme Frau hätte dann die Reste meiner Ersatzzahnbürste von der Straße fegen müssen und auch die Deo-Dosen und Zahnpastatuben. Es war einfach zu schade um die teure Zahnbürste. Ich konnte die Verkäuferin zwar weder hören noch sehen, war mir aber sicher, dass ich immer noch in Gefahr war.

Auf einmal sah ich eine Lösung. Mein Engel stand da. Wenn es überhaupt etwas zu retten gab, konnte ich nur hier gerettet werden. Ich ging ohne einen Augenblick zu zögern auf meinen rettenden Engel zu; es war eine Telefonzelle. Ich versteckte mich an einem Platz, vor dem ich eigentlich fürchtete. Es standen vier weiße Telefonzellen auf der Straße, eine davon wurde jetzt mein Versteck. Ich stand mit dem Rücken zur Straße und guckte vorsichtig, ob jemand vorbeiging. Diese Zelle war für mich die Freiheit und gleichzeitig ein Käfig. Wenn man mich hier gefunden hätte, wäre es ausreichend gewesen, nur die Tür zuzuhalten. Dann musste ich solange da drin bleiben, bis meine Freundin mich entdeckt und gerettet hätte.

Es waren zwei leere Plastikbecher und zerknülltes Papier auf dem Boden der Telefonzelle. Wahrscheinlich hatten die letzten Insassen diesen Platz als Restaurant missbraucht oder waren vor der Alarmanlage eines Restaurants geflohen. Jedes mal, wenn sich jemand meinem Gefängnis näherte, zeigte ich mich mit Telefonieren beschäftigt. Ich legte meine Tüte auf die Ablage, die wahrscheinlich für ein Telefonbuch vorgesehen war. Ich blieb mehr als eine halbe Stunde in meiner Rettungskiste. Als es dunkler wurde, machte ich die Tür zur Hälfte auf und wagte mich dann ganz vorsichtig in die Freiheit.

Ich überquerte eine grüne Ampel und fühlte mich mit jedem Schritt sicherer. Erst jetzt fiel mir auf, dass ich meine Tüte nicht bei mir hatte. Ich drehte mich schnell um und wollte zurück. Ich wusste es: die Ampel war inzwischen rot. Ich wollte am liebsten über die Straße fliegen, aber dafür hatte ich keine Flügel. Diese Minute, in der ich mit den Zähnen knirschte und auf das grüne Licht wartete, kam mir wie eine Stunde vor. Dann nahm ich wieder Geschwindigkeit auf. Es war heute schon das zweite Mal, dass ich wie verliebt auf eine Telefonzelle zurannte. Ich erreichte sie atemlos und riss hektisch die Tür auf. Alles sah wie vorher aus; die Becher und das Papier waren noch da, nur meine Tüte nicht. Stattdessen entdeckte ich einen großen gelben Fleck auf dem Boden.

Dann schlich ich wie eine Schnecke langsam nach Hause. Was die Alarmanlage ausgelöst hatte, konnte ich sowieso nicht verstehen, nun hoffte aber sehr, dass wenigstens meine Freundin die Verspätung verzeihen würde.

Busfahrt

Phillip verhielt sich ganz anders, als ich es erwartet hatte. Ich dachte, wenn er mitkriegt, dass ich zurück nach Hause fahre, würde er sich sehr freuen und so laut lachen, dass ihn die ganze Nachbarschaft hören könnte. Er stand aber nur da und sah mich neugierig mit seinen großen Augen an. Auch wenn er nicht wirklich traurig war, während ich meine Koffer packte, er war wohl auch nicht glücklich. Vielleicht lag es an der Stimmung seiner Mutter. Sie saß auf dem Sofa und sah mich traurig an, so als ob ich auf eine mehrmonatige Karawanenreise gehen würde. Bei so einer Reise konnte man von Räubern überfallen werden und wenn man großes Glück hatte, konnte man irgendwann mit abgerissenen Klamotten das Ziel erreichen. In diesem Fall würden meine Tasche und meine Koffer bei den Räubern bleiben und auch das Geld, was ich nicht besaß. Im Gegensatz zu einer Kamelreise hatte ich nur eine ungefährliche Reise vor mir. Die bestand aus der Fahrt mit meiner Freundin zum Flughafen, einem mehrstündigen Flug mit leckerem Essen und danach einem Keks, dabei konnte man sich entspannt einen Film ansehen, und dann die Busfahrt vom Flughafen bis nach Hause.

Die Fahrt bis zum Flughafen würde mit dem schönen Auto meiner Freundin stattfinden. Zu dem Skoda hatte ich mittlerweile eine innere Beziehung aufgebaut. In meinem ganzen Leben war ich nie soviel in einem einzigen Auto mitgefahren, wie in diesem während der zwei

Wochen meines Urlaubs. Meinentwegen hatte meine Freundin mehrere Tage frei genommen und wir waren viel gefahren. Zu den Ausflugsfahrten kamen noch die Fahrten zum Einkaufen, zu ihrer Mutter und zu ihren Freundinnen. Dieses Auto, mit dem ich jetzt sicher sehr lange nicht mitfahren würde, brachte mich nun zum Flughafen. Danach würde ich in ein Flugzeug steigen und bald auf dem sicheren Boden meiner Heimat landen. Dann noch die kurze Strecke vom Flughafen zum Busbahnhof und dann die schreckliche Busfahrt, die länger als der Flug dauern würde.

Nach Deutschland war ich mit einem Charterflug gekommen, jetzt hatte sich plötzlich meine Rückflugzeit geändert und ich wollte meinen Bruder nicht bitten, mich vom Flughafen abzuholen. Das würde Geschenke kosten und er würde nicht alleine kommen. Ich hatte aber nicht genug neue Klamotten um richtig anzugeben, daher wollte ich das nicht. Der Flughafen war nicht sehr weit entfernt von meinem Arbeitsort. Ich wollte aber erst noch nach Hause, also musste ich erst noch eine Busfahrt machen. Nachdenklich packte ich meine Sachen, ich hatte mal wieder ein Problem. Meine Freundin schien etwa gemerkt zu haben und fragte: »Ist alles klar mit dir mein Schatz?« Ich hatte die Frage wohl gehört, aber nicht wahrgenommen. Ihre Mutter sagte leise zu Sandy: »Er ist bestimmt sehr traurig, weil er euch verlassen muss.« Jetzt erst schenkte ich den beiden meine Aufmerksamkeit. Ich sagte schnell: »Alles klar.« Heidi war gekommen, um auf Phillip aufzupassen, während meine Freundin mich zum Flughafen fuhr. Sie war entspannter als Sandy und weniger neugierig als Phillip. Vielleicht versuchte sie mit ihrer Haltung, ihre Tochter zu trösten. Die Zeit lief immer schneller. Ich kontrollierte noch einmal meine Sachen, waren das Flugticket und der Reisepass da?

Als ich sah, dass meine Freundin ihren Fotoapparat in der Hand hielt, war ich sehr erleichtert, weil ich nun sicher war, dass ich ihn geschenkt bekommen würde; spätestens auf dem Flughafen. Ich war nur überrascht, dass ich den Karton nirgends entdecken konnte. Es war aber auch egal: ich wollte nicht mit dem Karton sondern mit dem Fotoapparat fotografieren. Es war Zeit zu gehen; meine Freundin nahm die Reisetasche und ich den Koffer. Heidi umarmte mich herzlich, wünschte einen guten Flug und versicherte, dass wir uns wieder sehen würden. Ich war nicht ganz so sicher wie sie. Dann war Phillip dran. Ich fand ihn heute so süß und niedlich; er war ruhig und vielleicht auch ein ganz kleines bisschen traurig. Es konnte aber auch daran liegen, dass er uns nicht zum Flughafen begleiten durfte. Warum durfte er eigentlich nicht mit? Sollte er die Tränen seiner Mutter nicht sehen, oder meine?

Anfänglich dachte ich, Phillip würde vor Freude Purzelbäume schlagen, wenn ich wieder fahre und sein Sparschwein schlachten um seinen Kindergartenfreunden eine Runde Lutscher auszugeben. Auch ich freute mich in den ersten Tagen schon auf unseren Abschied, doch jetzt kam alles ganz anders. Als ich ihn umarmte und ihm einen Kuss auf die Wange gab, hielt er ganz still und versuchte, nicht wegzulaufen. Er hatte seinen Kopf nur ein wenig zur Seite gedreht, aber nicht geschrieen und auch nicht versucht, mein Gesicht zu zerkratzen. Ich merkte erst jetzt, dass ich bei ihm vielleicht doch beliebt war. Ich verabschiedet mich nochmals von Heidi und sagte: »Sandy Urlaub, du auch kommen zusammen, ok?« Heidi freute sich über meinen Vorschlag und machte lächelnd die Tür hinter uns zu.

Kurze Zeit später verstauten wir meinen Koffer und die Reisetasche in dem tags zuvor voll getankten Auto. Ich schaute nochmals zurück, hoch zum Balkon, dort standen Heidi und Phillip und winkten. Am Fenster der Nebenwohnung stand die Nachbarin, sie winkte nicht. Bevor ich ins Auto stieg, warf ich eine Kusshand zu den beiden. Jetzt winkte auch die Nachbarin, die Oma und Enkel nicht sehen konnte. Sie dachte wohl, der tolle ,Flügelkuss' wäre für sie. Ich fühlte mich zum Abschied richtig heimisch.

Als ich mich ins Auto setzte, sah ich endlich wieder ein Lächeln im Gesicht meiner Freundin. Ich griff sofort nach dem Gurt, sie brauchte gar nichts zu sagen. Ich zurrte mich wie ein gesetzestreuer Bürger fest zu meiner letzten Fahrt in Deutschland. Wir fuhren langsam durch die Stadt. Sie war mir nicht mehr fremd, wie bei meiner Ankunft. Ich kannte immer noch nicht die Namen der Straßen, aber das Gesicht der Stadt war mir viel vertrauter geworden. Ich konnte jetzt von allen Hauptachsen aus den Weg zur Wohnung meiner Freundin finden. Irgendwie mochte ich diese Stadt, mit ihren vielen Parks, mit ihren Hochhäusern, mit ihren Metallbrücken, die wie Dinosaurier quer über die Straße standen und aussahen, als ob sie mit ihrem Kopf über die Wiesen gebückt, die Pflanzen fressen wollten. Die Stadt mit den vielen Bäumen entlang der Straßen, die die Blicke der Fußgänger angenehm massierten. Ich mochte die vielen Restaurants und Bistros, die überall waren und jeden hungrigen Magen zum Verwöhnen einluden. Auch die Kaufhäuser waren mir ans Herz gewachsen, mit ihren leckeren Säften und vollen Regalen. Die Stadt mit ihren schönen Autos, von denen man oft nur ein Summen hörte, die stumm und hupenlos vorbeifuhren.

Na ja, es gab auch Dinge, die mich störten, die Ampeln zum Beispiel. Dafür liebte ich den Fluss, der sich wie eine Riesenschlange durch die Stadt zog und sie in zwei Teile zerschnitt. Das Wetter war nicht so ganz mein Ding gewesen, die Sonne schien einfach nicht oft genug. Das hatte aber den Vorteil, dass man hellere Haut bekommen konnte. Meine Mutter würde sich bestimmt freuen, wenn ich ein bisschen heller würde; helle Haut gilt bei uns als besonders schön und vornehm. Dafür reichten aber leider zwei Wochen Urlaub nicht. Um so auszusehen wie die Deutschen, helle Haut und grüne oder blaue Augen, musste man länger hier sein, wobei ich mir bei der Augenfarbe nicht so sicher war. Wir ließen die Stadt, in der ich den ersten Auslandsurlaub meines Lebens genossen hatte, hinter uns und bogen auf die Autobahn. Nun würde die Zeit bis zum Flughafen noch schneller vergehen. Sonst hatte ich mich immer gefreut, wenn es meiner Freundin gelang, andere Autos zu überholen. Lächelnd sah ich dann von meinem Beifahrersitz immer die

Fahrer der anderen Autos an, die erst neben und dann hinter uns waren. Nun aber wäre es mir lieber gewesen, wenn wir niemanden überholen und die Fahrt länger dauern würde. Meine Freundin fragte: »Hast du alles mitgenommen?« Es gab wohl keine überflüssigere Frage, denn obwohl wir noch Zeit hatten, um umzukehren und etwas zu holen, hätte es nie gereicht. Das Wichtigste hatten wir sowieso dabei; ich meinen Pass und mein Ticket und sie meinen zukünftigen Fotoapparat. Mit ihrer Frage wollte Sandy wohl etwas anderes erreichen, darum sagte ich: »Wenn ich etwas vergessen, ich besser noch eine Woche sollen hier bleiben?« Sie strahlte mich an und antwortete: »Ok. Gute Idee, lass uns sofort zurückfahren« und fuhr trotzdem weiter. Nach einigen Kilometern kamen mir Zweifel, ob sie es wirklich ernst meinte. Eigentlich wäre ich ganz froh, wenn es nicht so wäre.

Ich richtete meine Gedanken wieder nach vorne. Nach dem Flug musste ich erst die schreckliche Busfahrt machen und nach zwei weiteren Tagen, die ich zuhause verbringen wollte, musste ich wieder zur Arbeit fahren, sonst würde ich für den Rest meines Lebens Urlaub machen können. Mein Chef Hikmet war sowieso nicht glücklich darüber gewesen, dass ich in der Saison Urlaub machte. Nun würden wir bald ein paar Tränen weinen, dann kam der Flug und meine Gedanken hefteten sich schon wieder auf die Busfahrt. Wenn der Bus auch noch eine Klimaanlage hätte, würde die Reise erfolgreich enden. Dann hätte ich zwei Tage Zeit, um zuhause mit meinen Erlebnissen anzugeben. Die Bilder, die ich gemacht hatte, waren die Beweise meiner wunderschönen Erlebnisse. Obwohl ich wusste, dass er da war, fragte ich meine Freundin: »Fotoapparat hier, ja?« Ihre Blicke starr auf die Autobahn geheftet antwortete sie: »Ja, habe ich mit.« Ich sagte nur: »Schön.« Sie sollte jetzt endlich die Gelegenheit bekommen, dass zu sagen, was ich hören wollte. Als die Pause immer länger wurde, legte ich nach: »Akku voll, ja?« »Ja, es wird schon für die paar Bilder reichen, die ich noch von dir machen möchte.«

Mich traf fast der Schlag, trotzdem brachte ich ein gequältes »Schön« zustande. Was sollte das nun wieder bedeuten? Es ging nicht um die Fotos auf dem Flughafen. Ich wollte nicht frech und aufdringlich sein und sagen, dass ich den Fotoapparat mitnehmen würde, aber das war doch wohl klar. Weil sie aber darüber nichts sagte, musste ich das Thema endlich auf den Punkt bringen. Wie konnte ich sie freundlich dazu bringen zu sagen: »Der Fotoapparat ist mein Abschiedsgeschenk.« Stattdessen hörte ich sie in diesem Moment sagen: »Mach dir keine Sorgen. Ich bringe die Bilder das nächste Mal mit.« Diesen Satz fand ich nicht so fair. Naja, die Bilder wollte ich schon gerne haben, aber mitsamt der digitalen Maschine, deren Band man so schön um den Hals hängen konnte. Ich könnte dann in meiner Arbeitspause meine kurze Hose anziehen, mein weißes T-Shirt und meine Sonnenbrille, dazu würde die Exkamera meiner Freundin fantastisch passen. Meine Freunde im Café würden mich bewundern wenn ich damit die Fotos zeigen würde, mal mit Zoom, mal gedreht. Sonst müsste ich Papierfotos zeigen und auf die staubigen Tische legen; was würde das für einen Eindruck machen? Ich dachte angestrengt nach, da hörte ich mich sagen: »Bis du kommen, bisschen spät.« »Ach so, was machen wir dann?« Hurra, hatte sie endlich begriffen? Doch der nächste Satz brachte mich auf die Erde zurück. »Dann entwickele ich die Bilder und schicke sie dir, ok?« Es war gar nicht gut, ich sagte aber trotzdem »Alles klar« weil mir im Moment nichts Besseres einfiel. Ich hatte eben eine schwache deutsche Sprachkondition, die mich häufig kurz vor dem Ziel scheitern ließ.

Nachdem wir eine Weile weitergefahren waren fragte Sandy: »Hat es dir gut gefallen in Deutschland?« Ich war wegen der Kamera so bockig, dass ich am liebsten gesagt hätte: ‚nein, ohne den Fotoapparat nicht'. Stattdessen sagte ich: »Danke, danke, alles prima.« Eigentlich hatte der Urlaub viel Spaß gemacht und war sehr interessant gewesen. Ich hatte viel Neues gesehen und vieles gelernt. Ich hatte viel deutsch gesprochen und gehört und war sicher, dass sich meine Sprache sehr verbessert hatte. Es war kein Strandurlaub gewesen, aber Strand hatte ich in meinem Alltag genug. Meine Freundin hatte mir erzählt, dass man im Norden von Deutschland auch am Strand spazieren gehen könne, aber bestimmt mit Schirm! Ich war in meinem Urlaub vielen lieben und netten Menschen begegnet, hatte aber auch Auseinandersetzungen gehabt, an denen ich bestimmt nicht immer unschuldig war. Erst nach der ersten Woche hatte ich gemerkt, dass ich nicht so gut deutsch sprach, wie ich vorher dachte. Manche Leute konnten mich nicht so gut verstehen, was häufig zu Missverständnissen führte.

Was ich aber am meisten hasste, waren die deutschen Ampeln. Es kam mir so vor, als ob für jeden Einwohner ein Ampelbaum gepflanzt worden war, der reichlich Früchte trug. Immer wenn ich kam, wartete auf mich die reife, rote Frucht. Wenn man dort rein biss, konnte man in der Hölle landen. Ich hatte auch gelernt, dass man auf einem Radweg unbedingt auf der rechten Seite fahren musste, wenn man sich auf dem Sattel eines Fahrrades befand. Wenn man auf eigenen gesunden Beinen unterwegs war, musste man die roten Radwegstreifen meiden. Ich war überzeugt, dass ich mir irgendwann meine Haare blond färben lassen würde; ich wollte mich ja integrieren lassen, wenigstens vom Äußeren her. Ich ließ das Argument meiner Freundin nicht gelten, dass ich dann aussehen würde, wie eine optische Täuschung. Ich wusste jetzt aber auch, dass der Müll dem Müllcontainer gehört und nicht der Straße. Darum muss man ihn trennen, isolieren und einsperren, um die Zukunft der nächsten Generation zu sichern, weil Müll auch eine Wertsache und ein Schatz der Zukunft ist. Ich konnte jetzt alleine in jedem Geschäft einkaufen, auch wenn mir manchmal komische Sachen passiert waren.

Die Bilanz war alles in allem positiv; ich würde meinen Landsleuten einen Deutschlandurlaub dringend empfehlen. Nach dem ‚Ob' würde mich aber keiner fragen, sondern nach dem ‚Wie'. Für mich war das nur durch Sandy möglich gewesen, die mir jeden Wunsch von den Augen abgelesen hatte, außer denen mit der Jacke und mit dem Fotoapparat. Sie war eine sehr liebe Frau, die alles getan hatte, damit ich mich wohl fühle, das war ihr auch fast gelungen, von Kleinigkeiten abgesehen. Ihre

Mutter fand ich auch klasse, sie hatte geduldet, dass ich bei meiner Freundin wohnte, so etwas wäre bei uns unmöglich gewesen. Heidi hatte sogar ein paar Mal für uns gekocht und uns Phillip abgenommen, damit wir mehr Zeit für uns hatten.

Toll fand ich auch wie reich diese Familie war. Beide Frauen hatten ein Auto, eine schöne Wohnung und der kleine Phillip ein klasse Fahrrad. Leider war mir durch das Autofahren entgangen, Straßenbahn zu fahren. Alleine hatte ich mich nicht getraut, das hätte sicher mit einer Katastrophe geendet. Ein wichtiges Abenteuer fehlte also in meinem Urlaub. Meine Freundin sah, dass ich sehr nachdenklich war und fragte: »Alles ok bei dir? Bist du traurig, dass du gehst?« Natürlich war ich traurig. Ich würde sie eine Weile nicht sehen und auch Phillip würde ich vermissen. Vergessen und vergeben war, wie er manchmal meine Nerven ruiniert hatte. Wenn wir Trickfilme geschaut hatten waren wir gute Freunde. Es herrschte bis zur nächsten Werbepause, die größte Völkerverständigung.

Meine Freundin wartete auf meine Antwort. »Ja, klar ich traurig wegen gehen, aber diese Busfahrt auch nicht gut.« Sie sah mich verärgert an: »Wovon redest du eigentlich?« »Ich vorher schon sprechen darüber, ich zusammen mit Bus von Fughafen nach Hause gehen.« »Das ist doch wohl kein Problem.« »Ok, schönen Dank.« Was für ein toller Trost! »Urlaub sehr gut, viel Spaß gemacht. Alles sehr gut.« Sie drehte sich langsam zu mir und fragte mich vorsichtig: »Kannst du dir vorstellen, dass du länger hier bleibst?« Ich schaute durch die Frontscheibe zum trüben Himmel, wo man ein kleines weißes Flugzeug sah, das sich hochnäsig gen Himmel bewegte, um Menschen nach Hause zu bringen. Gleich würde es auch für mich so weit sein. Ich sah auf meine Uhr und stellte fest, dass ich mit meinem Flug noch über zwei Stunden Zeit hatte. »Ja, länger bleiben keine Problem. Vielleicht mal vier Wochen bleiben, für mich keine Problem. Aber mein Chef zu viel balla, balla, also doch eine Problem.« Meine Freundin versuchte zu lächeln: »Alles klar.«

Die letzte Autofahrt in Deutschland war beendet, wir stiegen aus. Der Wind draußen war wie eine kalte Ohrfeige. Die Vorstellung, in ein paar Stunden wieder in der Hitze zu sein, kitzelte meine Gedanken und machte mich schlaff. Sandy meinte, ich sähe müde aus. »Müde keine, nur bisschen kaputt« antwortete ich. Vom Parkplatz bis zum Eingang der Flughafenhalle war es nicht so weit. Als wir die große Halle betraten, sah ich meine Freundin an. Irgend jemand musste Tränengas geworfen haben, viele Leute verabschiedeten sich und weinten, natürlich auch Sandy. Auch ich spürte jetzt die Tränen in mir aufsteigen. Ich schleppte meinen Koffer und meine Freundin trug die Reisetasche. Im Vergleich zum Gepäck der anderen Reisenden, sah mein Koffer wie ein Spielzeug aus und war ein richtiges Federgewicht. Die meisten Koffer hatten schöne Rollen und folgten ihren Herren gehorsam. Ich musste meinen rollenlosen Koffer wie ein Baby an meiner Brust tragen. Ich nahm mir vor, zu meiner nächsten Weltreise auch so ein schickes Teil zu besorgen. Noch schöner wäre so ein Koffer mit einem kleinen Elektromotor und einer Fernbedienung. Sie könnte so wie die des Fernsehers meiner Freundin aussehen, damit war ich in den letzten zwei Wochen gut klargekommen.

Bei dieser Idee musste ich an die Elektrowagen der großen Kaufhäuser denken, auf denen ein kleiner Verkäufer eine Menge Waren transportierte und zu den Regalen brachte. Ich konnte mir gut vorstellen, auch so einen Job zu machen. Die Arbeit mit der Elektromaschine würde bestimmt sehr viel Spaß machen. Ich würde aber eine kleine Hupe dafür beantragen, um die Kunden aus dem Weg zu scheuchen. Die Idee mit dem Elektrokoffer war in Deutschland bestimmt zu verwirklichen, in diesem hoch entwickelten Land, in dem ich mich nur noch zwei Stunden aufhalten würde. Für die Elektrokoffer sollte man unbedingt eine Hupe entwickeln; ich würde sie bestimmt benutzen.

Mein Blick richtete sich nun wieder auf die Leute um mich herum, die meisten waren Ausländer. In ein paar Stunden würden sie das nicht mehr sein, wenn ein Flugzeug sie in ihre Heimat gebracht hatte. Wir schauten auf die Abflugtafel und ich entdeckte meinen Flug. Ich freute mich jetzt doch auf zuhause. Meine Freundin stand neben mir und hielt meine linke Hand. Das mochte ich überhaupt nicht, es erinnerte mich an meine Grundschulzeit, in der ich manchmal Hand in Hand mit einem Mädchen die Straße überqueren musste. Wenig später löste ich Sandys Hand. Es war Zeit durch die Abfertigung zu gehen. Ich machte mich auf den Weg in den Abfertigungsraum, um dort auf den Aufruf zum Einstieg in mein Flugzeug zu warten. Sandy begleitete mich. Ich musste ihr etwas verraten, wollte aber nicht, dass aus ihren immer noch feuchten Augen Tränen rannen und den von einer Maschine trocken gewischten Boden wieder nass machten. Meine Tasche und mein Reisepass wurden kontrolliert und um mich herum sahen die deutschen Fluggäste ganz glücklich aus, weil sie einen Urlaub machen durften. Sandy machte mit unserem schönen Fotoapparat noch ein paar letzte Bilder von mir.

Ab jetzt lief die Zeit schneller für mich. Meine Freundin sagte mir noch einmal, dass sie in spätestens eineinhalb Monaten zu mir kommen würde. Die Unterkunft würde ich selbstverständlich organisieren und sie auch vom Flughafen abholen, das war für mich kein Problem. Ich hatte aber ein sehr aktuelles Problem, nämlich wie sollte ich vom Flughafen nach Hause kommen? Natürlich mit dem Bus, weil es mit einem Taxi sehr teuer sein würde. Aber um mit einem Bus zu fahren musste man auch bezahlen und dafür hatte ich jetzt leider kein Geld mehr. Ich hatte mein ganzes Geld ausgegeben, bis auf ein paar Münzen die jetzt sowieso keiner mehr haben wollte. Im duty-free-shop noch etwas zu kaufen, konnte ich voll vergessen.

Meine Freundin redete mit mir aber meine Gedanken waren die ganze Zeit auf dem Busbahnhof. Ihre Augen waren voll von Tränen, weil sie mich für eine lange Zeit nicht mehr sehen konnte. Meine Augen waren feucht, weil ich immer noch nicht wusste, wie ich die Busfahrt bezahlen sollte. Ich wollte ihre romantische Laune nicht mit der Frage nach ein wenig Geld verderben. Vielleicht hatte sie auch kein Geld mitgenommen und nach ihrer EC-Karte würde ich sie nie wieder fragen. Warum hatte ich das ganze Geld ausgegeben? Warum hatte ich nie gelernt an morgen zu denken? Das war der Grund, aus dem ich gerne laut geheult hätte.

Ich wurde aus meinen Gedanken gerissen, der endgültige Abschied war da! Wir umarmten uns ganz fest, Sandy nahm noch einmal meine Hand und sagte zu mir: »Wenn du da bist, ruf mich bitte an. Ich bin dann bestimmt zuhause.« Ich wollte erst sagen: ,Klar du bestimmt, aber ob ich ohne Geld nach Hause kommen kann ist die Frage.' Dann sagte ich aber doch: »Ok. Kein Problem.« Ich wusste, dass ich doch ein Problem hatte und sie nicht gleich würde anrufen können. Dann nahm ich meine Tasche und ging. Ich konnte ihren Blick in meinem Rücken spüren, ich fühlte sogar unseren Fotoapparat, der auf mich gerichtet war. Als ich durch die letzte Kontrolle war, wurde ich sehr traurig weil ich mich nicht noch einmal nach meiner Freundin umgedreht hatte. Ich freute mich aber auch auf den Flug und das gute Essen an Bord, das war schon bezahlt, ich brauchte kein Geld dafür. Mein großes Problem würde sich am Busbahnhof schon irgendwie lösen lassen.